Habilidades para la vida de las adolescentes

Una guía completa para tomar decisiones difíciles, superar la presión de grupo, gestionar el dinero, autocuidado y mucho más

© Copyright 2024

Todos los derechos reservados. Ninguna parte de este libro puede ser reproducida de ninguna forma sin el permiso escrito del autor. Los revisores pueden citar breves pasajes en las reseñas.

Descargo de responsabilidad: Ninguna parte de esta publicación puede ser reproducida o transmitida de ninguna forma o por ningún medio, mecánico o electrónico, incluyendo fotocopias o grabaciones, o por ningún sistema de almacenamiento y recuperación de información, o transmitida por correo electrónico sin permiso escrito del editor.

Si bien se ha hecho todo lo posible por verificar la información proporcionada en esta publicación, ni el autor ni el editor asumen responsabilidad alguna por los errores, omisiones o interpretaciones contrarias al tema aquí tratado.

Este libro es solo para fines de entretenimiento. Las opiniones expresadas son únicamente las del autor y no deben tomarse como instrucciones u órdenes de expertos. El lector es responsable de sus propias acciones.

La adhesión a todas las leyes y regulaciones aplicables, incluyendo las leyes internacionales, federales, estatales y locales que rigen la concesión de licencias profesionales, las prácticas comerciales, la publicidad y todos los demás aspectos de la realización de negocios en los EE. UU., Canadá, Reino Unido o cualquier otra jurisdicción es responsabilidad exclusiva del comprador o del lector.

Ni el autor ni el editor asumen responsabilidad alguna en nombre del comprador o lector de estos materiales. Cualquier desaire percibido de cualquier individuo u organización es puramente involuntario.

Índice de contenidos

CARTA DE PRESENTACIÓN A LOS PADRES 1
CARTA DE PRESENTACIÓN A LAS ADOLESCENTES 3
SECCIÓN 1: CÓMO ENCONTRAR TU IDENTIDAD 5
SECCIÓN 2: DESARROLLO PERSONAL 16
SECCIÓN 3: LAS EMOCIONES Y LA SALUD MENTAL 31
SECCIÓN 4: TU CUERPO Y EL CUIDADO PERSONAL 46
SECCIÓN 5: DOMINA TUS HABILIDADES SOCIALES 58
SECCIÓN 6: INFLUENCIA DE GRUPO 69
SECCIÓN 7: GESTIÓN INTELIGENTE DEL DINERO 79
SECCIÓN 8: LA SEGURIDAD ES LO PRIMERO 89
SECCIÓN 9: HABILIDADES PRÁCTICAS PARA LA INDEPENDENCIA 101
SECCIÓN 10: EL MUNDO DIGITAL 112
MENSAJE DE AGRADECIMIENTO 122
REFERENCIAS 123

Carta de presentación a los padres

Queridos padres:

Tratar con adolescentes no es fácil. Todos los padres luchan cuando sus hijas alcanzan esta edad crítica. Una parte de usted quiere abrazar a su hija y protegerla de cualquier daño, pero también sabe que necesita desenvolverse en el mundo por sí misma.

Lo único que pueden hacer los padres es orientar. Este libro es el mejor regalo que puede hacerle a su hija para que pueda trabajar en sus problemas por sí misma y sentirse independiente al hacerlo.

En el libro se tratan temas que abarcan todos los aspectos de la vida de su hija, así como consejos y ejercicios que le resultarán interesantes.

Las adolescentes están en un viaje de autodescubrimiento y se preguntan constantemente quiénes son. Este libro dota a su hija de la mentalidad y los conocimientos necesarios para descubrir su identidad y abrazar su verdadero yo.

Los adolescentes, especialmente las chicas, experimentan emociones intensas que cambian constantemente, y puede ser difícil para un padre ver a su hija pasar por una montaña rusa de emociones. Su hija necesita comprender la importancia de la salud emocional y mental, y este libro le ayudará a aprender sobre las emociones: cómo expresarlas y cómo manejar problemas como el estrés y la ansiedad.

Muchas adolescentes se sienten incómodas y les cuesta hablar o conversar en clase. El libro explica conceptos necesarios que su hija debe aprender mientras navega por el mundo social, como la inteligencia emocional y la empatía. También presenta trucos interesantes para que sepa si es introvertida o extrovertida.

Su hija también aprenderá diversas habilidades, como fijarse objetivos, cuidarse, enfrentarse a amistades tóxicas, crear un presupuesto, gestionar un hogar y tener una relación sana con las redes sociales.

El libro es un valioso recurso al que su hija podrá recurrir siempre que necesite respuestas. Notará un cambio en ella cuando termine este libro y aplique todo lo que ha aprendido.

Carta de presentación a las adolescentes

Hola a todas:

¿Cómo va la vida? Probablemente te estés preguntando qué puede hacer este libro por ti o cómo puede cambiar tu vida. Bueno, ¿por qué no te preguntas qué *necesitas*? Sea lo que sea, lo encontrarás en este libro. Cada pregunta que tengas sobre ti misma, como "¿Quién soy?", "¿Por qué me siento así?", "¿Cómo puedo manejar la timidez o la ansiedad social?" tienen respuesta aquí. Pero eso no es todo, ¡*hay mucho más*! Descubrirás temas en los que ni siquiera habías pensado.

Este libro te llevará a una aventura genial. Nunca sabrás qué esperar, pero te sorprenderás gratamente con cada capítulo.

Como cualquier aventura divertida, este libro te cambiará para mejor. Te convertirás en la persona que siempre has querido ser a medida que practiques diferentes habilidades y técnicas que pueden cambiar tu forma de pensar.

Escribí este libro porque entiendo por lo que estás pasando. Cuando era adolescente, luchaba contra la ansiedad social y la baja autoestima. Evitaba el contacto visual con mis profesores para que no me hicieran participar en clase. A veces, no entendía mis sentimientos ni cómo expresarme.

Ser adolescente no siempre es cómodo. Quiero que este libro te facilite las cosas y te sirva de guía.

Así que empieza ya tu aventura. Permítete cambiar y convertirte en la persona que siempre has querido ser.

Sección 1: Cómo encontrar tu identidad

¿Quién eres tú? Es una pregunta difícil. No te preocupes. Mucha gente no sabe responderla, incluso ni los adultos. Algunas personas aprenden quiénes son a una edad temprana, mientras que otras lo descubren más tarde. ¿Cuál es la diferencia? Bueno, unos trabajaron para encontrar su identidad, y los otros no dedicaron mucho tiempo a pensar en ello.

Por suerte, tú estás aquí y lista para emprender un viaje de autodescubrimiento. Esta sección te da consejos y técnicas para aumentar tu confianza, aprender quién eres de verdad y amar tu asombroso yo.

¿Qué es la identidad propia?

La autoidentidad es cómo ves y entiendes tu personalidad, cualidades, habilidades y capacidades
https://pixabay.com/illustrations/woman-burnout-multitasking-face-1733881/

La autoidentidad es cómo ves y entiendes tu personalidad, cualidades, habilidades y capacidades. Cada parte de ti y de tu vida, como tu aspecto, tu cuerpo, tus relaciones, tus aficiones y tus intereses, conforman quién eres.

Entonces, ¿puede alguien definirte? No. Tú eres quien crea tu identidad utilizando la imagen y las opiniones que tienes de ti misma. De ahí que la autoestima sea clave. Si tienes confianza en ti misma, tu autoimagen es buena y te identificarás positivamente. Sin embargo, si tienes baja autoestima, te verás negativamente.

Tu identidad se compone de muchas partes. Algunas personas cometen el error de dejar que su vida gire en torno a una sola cosa. Por ejemplo, puede que sólo te definas como estudiante. O si practicas deportes como el fútbol o la natación, puede que te identifiques como nadadora o futbolista. Sin embargo, tienes una personalidad y una vida muy ricas, así que no te limites. Eres estudiante, nadadora, amiga, hija, hermana, divertida, capaz y fuerte.

La identidad consiste en conocerte y definirte. ¿Cómo puedes conocerte? Tienes que ser consciente de ti misma. La autoconciencia es cuando te centras en tus sentimientos, pensamientos, valores, intereses, creencias y acciones para entender mejor por qué haces lo que haces. Aprendes qué te impulsa o te empuja y por qué tienes ciertos pensamientos y sentimientos.

Por ejemplo, tu mejor amiga se presenta a una audición para una obra de teatro escolar e insiste en que te presentes con ella para animaros mutuamente. A ti no te interesa la interpretación ni participar en una obra de teatro, pero aceptas porque quieres apoyar a tu amiga. Las dos os presentáis a las pruebas y ella consigue un papel, pero tú no. Te lo esperabas... pero aun así, estás decepcionada.

Practicar la autoconciencia te ayuda a entender *por qué* te sientes así. Tal vez te enamoraste de la interpretación mientras hacías la audición o querías ganar. En cualquier caso, cuando prestas atención a tus pensamientos y emociones, puedes descubrir cosas interesantes sobre ti misma.

Sé tú misma

Cada persona es diferente y única. Hoy en día, las redes sociales intentan que todo el mundo parezca, actúe, sienta y piense igual. Intentan matar la individualidad y destruir lo que hace especiales a las personas.

¿Qué es la individualidad? Tus cualidades o características únicas te hacen destacar de los demás, como vestir de forma diferente, reírte a carcajadas, no utilizar las redes sociales o ser introvertida. No tienes por qué hacer las mismas cosas que tus amigos. Sé tú misma y no escondas tu personalidad para encajar con los demás.

¿Te imaginas cómo sería el mundo si todos fuéramos iguales? Harry Styles, Lady Gaga, Taylor Swift y muchas otras celebridades hicieron historia al abrazar su individualidad y aceptarse por lo que son. ¿Crees que Harry Styles tendría tanto éxito si no hubiera abrazado su estilo único? ¿Sería Taylor Swift una de las mayores estrellas del mundo si escuchara a la gente que se burla de su música?

Sé tú misma y ama a la persona en la que te estás convirtiendo. Lo que te hace diferente es lo que te hace especial. No cambies por nadie. Ofreces algo valioso al mundo y a las personas de tu vida, así que sigue siendo tú misma.

Sólo puedes aprender a aceptar tu individualidad aumentando la confianza en ti misma.

Autoestima frente a autoconfianza

La autoestima es cómo te sientes contigo misma y si te aprecias. Si te sientes bien contigo misma, tienes una autoestima alta. Sin embargo, si a menudo tienes pensamientos negativos como "no soy lo bastante guapa" o "soy un fracaso", tienes baja autoestima.

Muchas personas confunden la autoestima con la confianza en uno mismo, pero ambas son diferentes. La autoconfianza es creer en ti misma y confiar en tus capacidades y habilidades. Es saber que tienes todo lo necesario para alcanzar tus objetivos. La autoestima es constante. No cambia con tu estado de ánimo o tus experiencias, a diferencia de la confianza, que puede cambiar dependiendo de la situación. Por ejemplo, no te sentirás segura hablando con gente nueva si eres tímida o te cuesta entablar conversación. En cambio, si eres una buena estudiante que saca sobresalientes, tendrás confianza en ti misma durante los exámenes.

Sólo puedes tener confianza en ti misma si tienes una autoestima sana. Pero no te preocupes si no la tienes. Puedes poner en práctica ciertas técnicas para potenciarla y ser una chica segura de sí misma.

Practicar la autoconversación positiva

La autoconversación es tu voz interior o las cosas que te dices a ti misma. Puedes pensar que no tienes voz interior, pero todo el mundo la tiene. Simplemente no eres consciente de ella. Constantemente te dices a ti misma cosas como: "No tengo las habilidades para hacer esto" o "No creo que pueda hacer esto". Sean cuales sean tus pensamientos, te los crees y se convierten en tu realidad. Por ejemplo, si sigues diciendo: "Voy a suspender este examen", no estudiarás porque crees que no tiene sentido.

Presta atención a tu voz interior y asegúrate de que siempre sea positiva y motivadora siguiendo estas estrategias:

Observa tus pensamientos

Todo el mundo tiene pensamientos negativos, aunque no sea consciente de ellos. Presta atención a tus pensamientos y a tu voz interior. Cuando tengas un pensamiento negativo, cambia las palabras con las que te describes. Por ejemplo, si piensas "Voy a suspender este examen", cámbialo por "He estudiado mucho y sé que aprobaré". O "Nadie me quiere" por "Tengo grandes amigos y una familia maravillosa que me quieren y me apoyan".

Muchos pensamientos negativos empiezan con "No puedo", así que la próxima vez que tengas uno, sustitúyelo por "Sí puedo". Por ejemplo, cambia "No puedo hacer ejercicio" por "Puedo hacer ejercicio". Así de sencillo. Pero es una estrategia poderosa que puede transformar tus pensamientos.

Háblate a ti misma del mismo modo que hablas con alguien a quien quieres. ¿Qué dirías si tu mejor amiga te dijera que está gorda? ¿Le dirías que está horrible o le recordarías todo lo que la hace bella? Usa la misma actitud y compasión contigo misma.

No te compares con los demás

Nadie es perfecto. Aunque alguien sea mejor que tú en algo, recuerda que tú eres mejor que él en otras cosas. Así que no te compares con los demás. Cuando lo haces, disminuyes tus logros y bajas tu autoestima. Compárate únicamente con lo que eras el año pasado o el anterior. Céntrate en tu camino y en tus progresos.

Alégrate por las personas de tu vida y celebra sus victorias. Recuerda que sus éxitos no te quitan los tuyos.

El vaso medio lleno

Céntrate en las cosas buenas de la vida. Si sólo ves lo malo, afectará a tus pensamientos y sentimientos sobre ti misma. Por ejemplo, vas a un restaurante con tus amigos. Hay mucho ruido, pero todos ríen y se divierten. Puedes centrarte en el ruido y pasarlo fatal, o centrarte en la buena comida y en estar con tus amigos.

Practicar la autoaceptación

Como su nombre indica, la autoaceptación consiste en aceptar cada parte de una misma, como la personalidad, el pelo, el cuerpo, el estilo, etc. Simplemente te quieres por lo que eres y aceptas tus cualidades positivas y negativas. Como resultado, te sientes más feliz, más segura de ti misma y crees que puedes conseguir cualquier cosa.

Celébrate

Celébrate cada vez que consigas un objetivo, ya sea grande o pequeño. Ya sea aprobar un examen difícil, ahorrar dinero, ayudar a tu equipo a ganar un partido, comer sano durante un día o beber suficiente agua. Siéntete orgullosa de ti misma y celébralo cada día.

Escribe cinco cosas que hayas conseguido el mes pasado y celébralo de forma divertida.

_____

_____

_____

_____

Perdónate a ti misma

Todo el mundo comete errores; forman parte de la vida. Te dan experiencia y siempre puedes aprender de ellos y crecer. No seas dura contigo misma cuando falles o cometas un error. *Aprende a perdonarte a ti misma y déjate llevar.*

Escribe en un papel lo que te ha enfadado, rómpelo y deja que se lo lleve el viento.

Dejar ir

No puedes cambiar ciertas cosas de tu vida, así que no malgastes tu energía en ellas. Concéntrate en lo que sí puedes cambiar. Por ejemplo, no puedes hacer nada con tu pasado, así que no pienses en él y déjalo ir.

Aprende de ello y pasa a lo que sí puedes controlar.

Escríbete una carta a ti misma celebrando lo que te gusta de ti y dejando ir lo que no puedes.

Escribirte una carta a ti misma puede ayudarte a desprenderte de las cosas que no puedes controlar

https://unsplash.com/photos/purple-flowers-on-paper-DR31squbFoA?utm_content=creditShareLink&utm_medium=referral&utm_source=unsplash

Reconocer tus puntos fuertes y débiles

Todas las personas tienen puntos fuertes y débiles. Algunas personas no se dan cuenta de sus puntos fuertes, sobre todo si tienen baja autoestima. Otras se avergüenzan de sus defectos y suelen ocultarlos al mundo para proteger su imagen. Tus puntos fuertes y débiles te hacen ser quién eres, así que reconócelos y acéptalos todos.

Haz una lista

Escribe tus puntos fuertes y débiles. Incluye tus buenas cualidades, habilidades, capacidades y todo lo que te gusta de ti. Piensa en todos los cumplidos o las cosas bonitas que te han dicho tus amigos y familiares y añádelas también. Tómate tu tiempo con esta lista.

Mis Puntos Fuertes y Mis Retos

Los puntos fuertes son las cosas que se me dan bien, los retos son las cosas en las que tengo que trabajar. Enumera e ilustra tus puntos fuertes y tus retos.

MIS PUNTOS FUERTES	MIS RETOS

Pregúntale a un familiar o a un amigo

Pide a tu mejor amigo, a tus hermanos o a tus padres que te ayuden a reconocer tus puntos fuertes y débiles. Te quieren y te conocen mejor que nadie. Pueden abrirte los ojos a una faceta de tu personalidad en la que no habías reparado antes.

Reflexiona sobre tus puntos débiles

Escribe tres de tus puntos débiles y tómate un momento para reflexionar sobre ellos.

Rodéate de gente positiva

Tú eres la compañía que tienes. Las personas con las que pasas más tiempo pueden afectar a tu personalidad y a tu estado de ánimo. Rodéate de amigos que te levanten el ánimo, te hagan sentir bien contigo misma, te traten con amabilidad, celebren tus éxitos y te hagan sonreír cuando estés triste. No necesitas personas que te tengan envidia, se quejen constantemente o te juzguen cada vez que cometes un error.

Es fácil reconocer la diferencia entre las personas negativas y las positivas. ¿Cómo te sientes después de hablar con ellos? Si te sientes relajada y feliz, son buenos amigos. Sin embargo, no son buenas personas si siempre te dejan triste, enfadada, cansada o te hacen sentir mal contigo misma.

Acepta cumplidos

Las personas seguras de sí mismas aceptan los cumplidos porque se cuidan, disfrutan de la vida y saben quiénes son. Si no aceptas un cumplido, menosprecias tu esfuerzo, tu autoestima y tus capacidades. En el fondo, *sabes* que te mereces esas bonitas palabras porque eres una chica estupenda y has trabajado mucho por ti misma. Así que la próxima vez que alguien te diga: "Eres graciosa" o "Estás guapa", esboza una gran sonrisa y di: "Gracias".

No te dediques a complacer a la gente

No te cambies a ti misma ni cambies tus opiniones ni digas que sí a nada para encajar con tus compañeros. Recuerda que eres una persona con pensamientos, ideas y opiniones que te hacen ser quién eres. La vida consiste en ser fiel a una misma, no en complacer a los demás. Si vas en contra de tus creencias para hacer felices a tus amigos o a tu familia, te sentirás desgraciada y enfadada contigo misma.

Las personas que complacen a los demás les ayudan, aunque les causen daño. Por ejemplo, ayudas a tu amiga con sus deberes y descuidas los tuyos. O le prestas a una amiga tu vestido favorito cuando sabes que no devuelve las cosas prestadas. Aunque debes ayudar a tus amigos y estar a su lado, debes decir que no cuando te sientas incómoda.

Repite afirmaciones

Las afirmaciones son frases cortas y positivas muy poderosas que pueden cambiar tus pensamientos.

- Me amo.
- Acepto mi genialidad.
- Merezco cosas buenas.
- Soy fuerte y segura de mí misma.
- Soy amable conmigo misma.

Practica la autorreflexión

La autorreflexión consiste en pasar unos minutos al día a solas en una habitación tranquila y pensar profundamente en tus emociones, pensamientos, actitud, necesidades y vida. Te muestra si vas por el buen camino y si tus acciones te están ayudando a alcanzar tus sueños. Por ejemplo, quieres estar sana. Reflexiona sobre tus hábitos alimentarios y tu estilo de vida para ver si lo que haces te acerca o te aleja de tu objetivo.

Meditación

La meditación puede ayudarte a autorreflexionar
https://www.pexels.com/photo/woman-in-red-shirt-sitting-on-couch-meditating-4151865/

La meditación es una de las técnicas más eficaces para autorreflexionar.

Instrucciones:

1. Siéntate cómodamente en una habitación tranquila y sin distracciones.
2. Cierra los ojos y respira lenta y profundamente.
3. Despeja tu mente y concéntrate sólo en la respiración.
4. Los pensamientos aparecerán, así que préstales atención y fíjate en lo que te dicen.
5. Observa si estos pensamientos son positivos o negativos y cómo te hacen sentir.
6. Cuando termines, anota todo lo que sientas en un cuaderno.

Abraza a tu verdadero yo

Eres única y deberías estar orgullosa de todo lo que te hace diferente. Aprende a abrazar tu verdadero yo en lugar de convertirte en lo que dicta el mundo. Deja de lado las expectativas de la gente, sé tú misma y haz lo que te haga sentir cómoda.

Sé tú misma

Suena a tópico, pero es más difícil de lo que crees. Vivir en una sociedad que siempre intenta convertirte en algo que no eres, ser tú misma puede ser todo un reto.

Nunca serás verdaderamente feliz hasta que te conviertas en tu yo más genuino. Así que ignora las redes sociales, no pases tiempo con gente que no te acepta e ignora las opiniones de la gente sobre tu personalidad. Mientras no te hagas daño a ti misma ni a nadie, no dejes que los pensamientos de los demás afecten a cómo te sientes contigo misma.

Sigue tu camino

Cada persona que conoces está en un camino diferente. Sigue tu camino y no prestes atención a los demás. No intentes copiar la experiencia o las decisiones de tus amigos porque no estáis en el mismo camino. Imagina a dos personas que van a lugares diferentes. ¿Tomarán el mismo camino? Lo mismo se aplica a la vida.

Confía en ti misma

No dejas que tu verdadero yo brille porque no confías en ti misma.

Siempre te preguntas si deberías llevar esa ropa, hablar así, tomar esa decisión, etc. Cree en ti misma, aunque cometas errores. Ignora los pensamientos negativos y sigue los consejos mencionados. Con el tiempo, aprenderás a confiar en ti misma.

Sal de tu zona de confort

No descubrirás tu identidad si te quedas siempre en tu zona de confort. ¿Cómo sabrás de lo que eres capaz si no te pones retos? Hay muchas actividades, aficiones e intereses que nunca has probado. Así que sal de tu zona de confort y explora la vida. Prueba cosas nuevas, pero dentro de lo razonable. Toca un instrumento musical, pinta, canta, haz deporte, baila o haz nuevos amigos. Hay muchas cosas emocionantes por descubrir. Nunca se sabe. Quizá encuentres una nueva afición que te cambie la vida o descubras que tienes talento como cantante o artista.

La vida es crecer y moverse, así que no te quedes quieta.

¿Quién eres tú? Es una pregunta difícil de responder, pero no imposible. Debes conocerte a ti misma descubriendo tus puntos fuertes y débiles y abrazando tu verdadero yo.

Sección 2: Desarrollo personal

La vida es desarrollo personal. Se aprenden cosas nuevas, se adquiere experiencia y se crece. ¿Qué es exactamente el desarrollo personal? Es un viaje de autodescubrimiento y crecimiento en el que aprendes sobre tus capacidades, habilidades y objetivos para mejorar tu vida.

Debes desarrollar ciertas habilidades y aprender a establecer objetivos claros y alcanzables para crecer y lograr tus sueños. Tus objetivos no sólo se aplican a tu escuela o a tu futuro. Puedes establecerlos para tus relaciones personales, aficiones, estilo de vida, etc.

No te preocupes. No es una sección aburrida. Hay mucha información interesante con técnicas divertidas y eficaces.

Establecimiento de objetivos

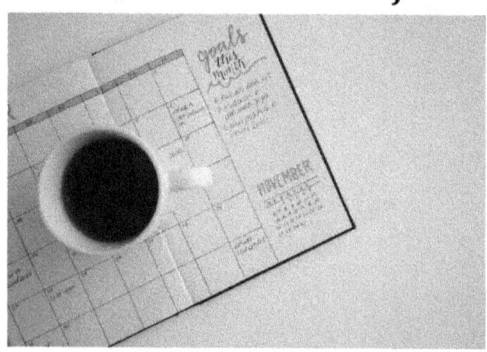

Fijarte objetivos puede hacer que tu vida sea más satisfactoria

https://unsplash.com/photos/white-ceramic-mug-with-coffee-on-top-of-a-planner-aQfhbxailCs?utm_content=creditShareLink&utm_medium=referral&utm_source=unsplash

La vida puede ser más satisfactoria cuando trabajas para conseguir tus objetivos. ¿Cómo se fijan los objetivos? No basta con decir: "Quiero algo". Debes fijar objetivos realistas, planificar y trabajar duro.

Ten en cuenta estas cosas a la hora de fijar tus próximos objetivos.

Establece objetivos específicos y claros

Si te fijas objetivos amplios o generales, te costará alcanzarlos y podrías fracasar y abandonar por completo. Por lo tanto, fíjate objetivos específicos y claros. Por ejemplo, no digas: "Quiero ser mejor amiga", sino ser una buena oyente. No te pongas como meta salvar el planeta. Céntrate en reciclar plástico y papel.

Fíjate objetivos realistas

Los objetivos poco realistas son imposibles de alcanzar, afectan a tu confianza y pondrás en duda tus capacidades. Así que fíjate objetivos realistas con un calendario realista. Por ejemplo, has empezado a aprender guitarra y te has propuesto dominar el instrumento en un mes. Esto no es realista porque es un plazo muy corto para un objetivo que lleva años alcanzar. En su lugar, fija un plazo adecuado, como un año o dos.

O quieres ser médico de mayor, pero la visión de la sangre te pone enferma. Es un objetivo que no cumplirás. Busca otra carrera que se ajuste a tus capacidades en lugar de perseguir algo que te decepcionará.

Elabora un plan

Ahora que has decidido cuál es tu objetivo, diseña un plan para alcanzarlo, dividiéndolo en varios pasos. Concéntrate en cada paso de uno en uno y no te preocupes por el siguiente. Sentirás que lo has conseguido con cada paso.

Sé paciente

Conseguir objetivos lleva su tiempo, así que ten paciencia. Por ejemplo, si tu objetivo es levantarte media hora antes cada mañana para meditar o hacer ejercicio, tardarás semanas en convertirlo en un hábito. No es culpa tuya. Tu cerebro necesita tiempo para adaptarse a la nueva rutina.

Concéntrate en tu objetivo

No dejes que nada ni nadie te distraiga de tu objetivo. Mantén la concentración. Acostúmbrate cada mañana a escribir en tu diario o a decir en voz alta los pasos que piensas dar para conseguir tu objetivo. Por ejemplo, si tu objetivo es aprobar los exámenes de matemáticas, puedes decir: "Hoy, después de clase, resolveré unos cuantos problemas de matemáticas".

Acepta los errores

Cometer errores mientras trabajas en tus objetivos es normal. Todo el mundo mete la pata, así que no te preocupes. Aprende de ellos y vuelve a intentarlo. Puede que te encuentres con dificultades o que tardes más de lo esperado en ver progresos. También es normal. Lo importante es que nunca te rindas, por muy difíciles que se pongan las cosas. Sigue adelante y aprovecha cualquier oportunidad para aprender. Al final, lo conseguirás.

Objetivos SMART

Los objetivos SMART son:

Específicos: Establece un objetivo concreto a alcanzar, como hacer ejercicio todos los días, comer sano o ahorrar dinero.

Medibles: Decide cómo vas a trabajar en tu objetivo y cómo vas a determinar si lo has conseguido o no. Por ejemplo, si tu objetivo es sacar buenas notas, debes determinar qué asignaturas se te resisten o en cuáles podrías necesitar la ayuda de un tutor. También debes determinar qué nota esperas obtener y qué te hará sentir realizada.

Alcanzables: Asegúrate de que tus objetivos son realistas y de que cuentas con los recursos y habilidades adecuados para alcanzarlos. Por ejemplo, si no sabes tocar un instrumento o cantar, no puedes marcarte el objetivo de unirte a la banda de un amigo. Quizá deberías centrarte primero en tomar clases de guitarra o canto.

Relevantes: Metas relacionadas con tu vida y tus objetivos a largo plazo. Por ejemplo, si quieres ir a la universidad, deberías centrarte en estudiar y sacar buenas notas.

Limitados en el tiempo: Establece una fecha límite para tus objetivos.

Establecer un objetivo no siempre es fácil, ya que puede que no sepas por dónde empezar. Los objetivos SMART pueden servirte de guía; te proporcionan un plan organizado y unos pasos sencillos que puedes seguir fácilmente.

Gestión del tiempo

La gestión del tiempo puede hacer que tus días parezcan más largos
https://pixabay.com/vectors/time-alarm-clock-deadline-hand-5961665/

¿Alguna vez has sentido que no tienes tiempo para divertirte? Estás tan ocupada con las tareas escolares que nunca tienes tiempo para sentarte y relajarte. O al contrario, tienes tantas cosas que hacer y no tienes tiempo para estudiar.

Siempre tienes tiempo. Simplemente no sabes cómo gestionarlo. Pero, cuando lo hagas, tu día parecerá más largo y tendrás tiempo para las tareas escolares y la vida personal.

Priorización de tareas

La mayoría de los adolescentes luchan contra las distracciones. Siempre están con el móvil mirando Instagram o TikTok o enviando mensajes a sus amigos. ¿Te suena familiar? No te castigues por ello. Mucha gente se distrae con facilidad, incluso los adultos. Priorizar es útil porque te mantiene centrada en terminar tus tareas y disfrutar de tu tiempo libre.

La priorización de tareas consiste en organizarlas de mayor a menor importancia y trabajar primero en las más urgentes. Puedes aprender esta habilidad aplicando esta sencilla técnica.

Rellena la siguiente hoja.

1. **Tareas importantes y urgentes:** Escribe las tareas más importantes que debes terminar inmediatamente, como los deberes o estudiar para un examen.

2. **Tareas importantes pero no urgentes:** Son necesarias para alcanzar tus objetivos, pero no necesitas hacerlas inmediatamente, como trabajar en un proyecto. Pueden esperar.
3. **Tareas no significativas pero urgentes:** Estas tareas pueden no estar relacionadas con tus objetivos a largo plazo, pero debes hacerlas inmediatamente, como responder a un mensaje de texto o a un correo electrónico.
4. **Tareas no significativas y no urgentes:** Puedes hacer estas tareas en tu tiempo libre, como ver el último episodio de tu serie favorita o consultar Instagram.

Hoja De Trabajo Para Priorizar Tareas

Utiliza esta hoja de trabajo para priorizar tus tareas o tu lista de tareas pendientes. Basada en la Matriz de Decisión de Eisenhower, puedes adaptarla a tus necesidades diarias, semanales o temporales.

Periodo de tiempo_____

	URGENTE	NO URGENTE
IMPORTANTE	HACER inmediatamente ☐ ☐ ☐ ☐ ☐ ☐ ☐ ☐ ☐ ☐	PLANIFICAR o PROGRAMAR ☐ ☐ ☐ ☐ ☐ ☐ ☐ ☐ ☐ ☐
NO ES IMPORTANTE	DELEGAR si es posible ☐ ☐ ☐ ☐ ☐ ☐ ☐ ☐ ☐ ☐	DESECHAR ☐ ☐ ☐ ☐ ☐ ☐ ☐ ☐ ☐ ☐

Crear horarios

Los horarios y las rutinas parecen aburridos, pero son necesarios para gestionar el tiempo. También te enseñan disciplina para alcanzar tus objetivos.

Anota tu horario diario en la agenda.

1. **Rutina diaria:** Realiza estas actividades cada mañana, como ducharte, peinarte, desayunar, vestirte e ir al colegio. Puedes convertirlo en un juego y utilizar un cronómetro para ver cuánto tiempo tardas con cada tarea e intentar terminar más rápido cada día.

2. **Rutina de tarde:** Dedica tiempo a hacer los deberes, estudiar, ver la tele y descansar. Añade el tiempo que quieres dedicar a cada tarea. Por ejemplo, dedica dos horas a hacer los deberes, una hora a ver la tele, etc.

3. **Rutina nocturna:** Son las cosas que harás antes de acostarte. Suelen incluir hábitos saludables que te calmen antes de dormir, como darte un baño caliente, escuchar música relajante o leer.

HOY:

POR LA MAÑANA

POR LA TARDE

POR LA NOCHE

Consejos para superar la procrastinación

Que levante la mano quien no haya procrastinado nunca. No te avergüences. Todo el mundo procrastina. Es innegable que es un mal hábito, pero por suerte hay muchas técnicas que pueden ayudarte a superarlo.

Divide las tareas grandes

Algunas tareas son tan grandes que pueden abrumarte, y sigues posponiéndolas porque no sabes por dónde o cómo empezar. Sin embargo, puedes dividir las grandes tareas en otras más pequeñas para facilitarlas y reducir el estrés. Por ejemplo, si tienes que escribir una redacción difícil, divide el proceso en pequeños pasos, como investigar, escribir un esquema y escribir cada sección a la vez.

Bloqueos en el camino

Empiezas a trabajar en una tarea, pero cuando te encuentras con un obstáculo, te detienes y la dejas para más tarde. Por ejemplo, estás trabajando en un proyecto y te das cuenta de que necesitas un libro que no tienes. Así que te dices a ti misma: "Terminaré el proyecto cuando tenga el libro", lo que no ocurre hasta justo antes de la fecha límite. Así que, antes de empezar cualquier tarea, haz una lista con todo lo que necesitas y prepárate de antemano.

La técnica Pomodoro

Esta técnica es eficaz para trabajar brevemente en tareas de gran envergadura mientras se toman descansos.

1. Programa el temporizador de tu teléfono para 25 minutos.
2. Empieza a trabajar en tu tarea y no dejes que nada te distraiga.
3. Tómate un descanso de cinco minutos.
4. Repítelo tres veces y tómate un descanso de 30 minutos.
5. Sigue repitiendo los pasos hasta que termines.

Desarrollar la resiliencia y la perseverancia

La vida está llena de retos y, a veces, las cosas no salen como uno quiere. Sin embargo, no puedes dejar que cada contratiempo te rompa. Debes desarrollar resiliencia y perseverancia para aprender a levantarte cada vez.

Habla con alguien

Esto puede resultar difícil para algunos adolescentes, pero hablar con tus padres puede ser de gran ayuda. Ellos también han pasado por lo mismo que tú. Han cometido muchos errores y se han enfrentado a retos y fracasos, así que saben por lo que estás pasando, aunque tú no lo creas. También tienen los conocimientos y la sabiduría para aconsejarte. Quieren de verdad que hables con ellos. Así que, ¿por qué no? Te sorprenderá el resultado.

Si hablar con tus padres te incomoda, habla con tu mejor amiga. Ellos te recordarán lo fuerte que eres y te darán la fuerza y el valor necesarios para intentarlo de nuevo.

Tú tienes el control

Cuando las personas experimentan el fracaso, a veces sienten que su vida está fuera de control. Puede que se rindan y piensen: "¿Para qué?". En esta situación, te ayuda recordar que tú controlas tu vida.

Empieza dando pequeños pasos para volver a ponerte en pie. Céntrate en levantarte de la cama, ir al colegio y hacer los deberes. A veces, hacer pequeñas cosas cuando te sientes triste o derrotada pueden convertirse en logros. Además, demuestra que aún puedes controlar tu vida y que tienes fuerzas para volver a empezar. Una vez que te sientas mejor, vuelve a tus objetivos originales e inténtalo de nuevo.

Cambia tu forma de ver los fracasos

Algunas personas ven el fracaso como el fin del mundo: "He fracasado. Por lo tanto, no soy lo suficientemente buena. ¿Por qué debería volver a intentarlo?". Sin embargo, el fracaso forma parte de la vida. Has fracasado antes y volverás a fracasar. No significa desanimarte. Debes fracasar unas cuantas veces para que el éxito te sepa más dulce.

Tienes que cambiar tu forma de ver el fracaso aprendiendo de él. Tómate tu tiempo para evaluar lo que hiciste mal y aprender de tus errores. Después, inténtalo de nuevo. ¿Volverás a fracasar? Puede que sí. Sin embargo, aprenderás cada vez y, finalmente, alcanzarás tus objetivos. Es normal fracasar más de una vez, pero debes creer que lo conseguirás.

Muchos actores, como Robert Pattinson y Kirsten Stewart, se plantearon abandonar porque no dejaban de presentarse a audiciones y fracasar. Pero nunca se rindieron, y ya sabes cómo acabó la historia.

Sin embargo, eso no significa que debas esperar el fracaso. Cree que lo conseguirás cada vez, trabaja duro y espera lo mejor, pero prepárate para el fracaso. Las únicas personas que no consiguen sus objetivos son las que se rinden y admiten la derrota.

Toma de decisiones eficaz y pensamiento crítico

El pensamiento crítico es pensar con lógica y ver la situación desde distintos ángulos para tomar mejores decisiones. Es una gran habilidad que puede beneficiarte a lo largo de tu vida.

Sopesa los pros y los contras

Siempre que te enfrentes a una decisión difícil, haz una lista de pros y contras como la siguiente. En el lado de los pros, escribe las ventajas de esta decisión. En el lado de los contras, escribe las desventajas. Cuando termines, mira la lista. Debe quedar claro si es la decisión correcta o no.

Tómate tu tiempo para hacer una lluvia de ideas. Pídele incluso ayuda a un amigo.

Considera las consecuencias

Toda decisión tiene consecuencias. Algunas son grandes y otras pequeñas. Antes de decidir nada, piensa en las consecuencias. Por ejemplo, quieres un perro, pero tus padres te dicen que te lo pienses porque es una gran responsabilidad. Piensa en las consecuencias, como que el perro se mee en tu cama o te muerda los zapatos. ¿Son cosas que puedes soportar? Si puedes vivir con el resultado de tu decisión, adelante.

Toma decisiones meditadas

Siempre debes tomar decisiones que te beneficien ahora y en el futuro. No tomes decisiones que te hagan feliz durante un breve periodo de tiempo, pero de las que te arrepientas después.

Estos consejos son eficaces para tomar decisiones saludables.

- No tomes una decisión cuando estés triste, enfadada o sientas cualquier emoción negativa. Espera a calmarte para poder pensar con claridad.
- Considera todas las opciones antes de decidir. Tómate tu tiempo para pensar en distintas soluciones y anótalas.
- Pide consejo, sobre todo a personas que hayan pasado por una experiencia similar.
- Toma una decisión, pero prepárate para afrontar las consecuencias.

Habilidades de pensamiento crítico

- Obtén toda la información posible sobre el problema o tema investigando y haciendo preguntas.
- No te dejes influir por tus emociones.
- Deja a un lado tus opiniones personales y sé abierta de mente. Basa tu decisión en hechos y no en lo que crees.
- Hazte preguntas a ti misma o a otros para obtener toda la información relevante posible.

Establecer límites

Estableces límites para protegerte de la manipulación, de personas que quieren herir tus sentimientos o de amigos que se aprovechan de ti. Demuestran a los demás cómo quieres que te traten y que te valoras y sabes lo que vales.

Algunas personas pueden hacerte sentir culpable por tener límites, porque así evitan aprovecharse de ti. Sin embargo, los límites son necesarios para mantener relaciones sanas.

Deja claro a la gente que tus límites son incuestionables y que no tolerarás que alguien los traspase. Del mismo modo, debes respetar los límites de las personas y no presionarlas cuando digan "No" o se sientan incómodas haciendo algo.

1. Define lo que significan los límites para ti, porque son diferentes para cada persona. Escribe los comportamientos con los que te sientes cómoda y los que no vas a tolerar. Por ejemplo, prefieres saludar a tus amigos con un apretón de manos en vez de con un abrazo.
2. Recuerda que tus límites tienen que ver contigo, no con los demás, así que ten en cuenta sólo tus sentimientos, no los suyos.
3. No tengas miedo de decir lo que piensas y comunicar tus límites a los demás. Por ejemplo, si un amigo quiere un abrazo, da un paso atrás y dale la mano. Explica amablemente que prefieres los apretones de manos. Si alguien insiste en abrazarte, mantente firme o aléjate. No te avergüences. No te equivocas y la gente debe respetar tus límites.
4. "No" es una frase completa. Cuando dices "no", la gente debe respetar tu decisión. No hace falta que expliques tus razones.
5. Algunas personas te presionarán y te harán sentir culpable por decir "No", sobre todo cuando aún estás aprendiendo a poner límites. En ese caso, utiliza frases como "No, gracias. Esto me incomoda" o "Me lo pensaré y volveré a hablar contigo". Esto te permite dar un paso atrás y pensar en cómo manejar la situación.
6. Ser una buena amiga no significa sacrificar tu felicidad o comodidad por los demás. Por lo tanto, si un amigo te pide que hagas algo que no quieres hacer y se enfada cuando le dices que no, es un egoísta. Por ejemplo, tu amiga te pide que la ayudes a estudiar, pero tú estás enferma y en cama. Se enfada contigo y te llama mala amiga. Ella es egoísta, no tú.
7. No aceptes a la gente que intenta hacerte sentir culpable por tus límites. No estás equivocada. Poner límites es sano, no egoísta, aunque alguien te diga lo contrario. Quienes se preocupan por ti siempre respetarán tus límites.
8. Si un amigo sigue forzando tus límites y no los respeta, plantéate cortar con él o pasar menos tiempo con él.

Trata a las personas con respeto

Tratar a la gente con amabilidad y respeto llega muy lejos. Cuando eres amable con la gente y la recibes con una sonrisa, te tratarán de la misma manera. Puedes alegrarle el día a alguien con solo ser amable.

- Di por favor y gracias a las personas mayores y a quienes ofrecen un servicio, como los camareros.
- Saluda con una sonrisa a tus amigos, tu profesor, tus compañeros de clase, tu familia, la cajera del supermercado, el conductor del autobús y los camareros.
- No dudes en ayudar a los demás siempre que puedas.
- Ponte siempre en el lugar de los demás antes de darles tu opinión o emitir juicios.
- Utiliza palabras amables cuando hables con la gente y evita las hirientes.
- Cuando tus amigos o hermanos lloren, abrázalos y siéntate con ellos.
- Habla con voz suave y tranquila. Nunca la levantes.
- Respeta a tus mayores y ten paciencia con ellos.
- No interrumpas a los demás cuando hablan.

Ser una buena persona no cuesta nada. Te hará popular y atraerá a la gente hacia ti.

Trabaja siempre en ti misma hasta convertirte en la mejor versión que puedas ser.

Sección 3: Las emociones y la salud mental

¿Has experimentado emociones fuertes recientemente? ¿Tus sentimientos cambian de repente o tienes cambios de humor? No estás sola. La mayoría de las adolescentes experimentan emociones intensas. Es comprensible que puedan resultar molestas, sobre todo cuando no entiendes por qué te sientes así. Pero no te preocupes. Puedes mejorar.

No tienes por qué sentirte así el resto de tu adolescencia. Una vez que entiendas cómo funcionan las emociones, podrás comprender mejor lo que ocurre dentro de tu cabeza. En esta sección, descubrirás todo sobre las emociones y cómo afrontar la tristeza, la ansiedad y la depresión.

¿Qué son las emociones?

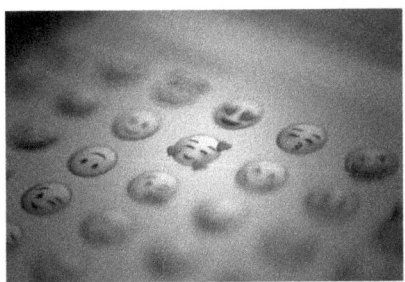

Las emociones son la forma de responder a situaciones, personas o acontecimientos
https://unsplash.com/photos/white-yellow-and-green-round-plastic-toy-Cs3v8Mn6-Gk?utm_content=creditShareLink&utm_medium=referral&utm_source=unsplash

Las emociones son la forma en que una responde o reacciona ante situaciones, personas o acontecimientos. Por ejemplo, te sientes triste cuando oyes una mala noticia y feliz cuando apruebas un examen. Puede que no lo sepas, pero cada día sientes emociones diferentes. Algunas duran poco, mientras que otras pueden acompañarte durante días o semanas. Por ejemplo, si apruebas un examen, puedes estar feliz todo el día. Sin embargo, puedes estar triste durante semanas o meses si fallece un familiar.

Las emociones pueden ser intensas o leves, dependiendo de la situación. Por ejemplo, puedes experimentar una tristeza leve si se cancela un viaje con tus amigos, pero experimentarás emociones intensas si pierdes el teléfono.

¿Cómo funcionan las emociones?

Las emociones son reacciones del cerebro a lo que siente el cuerpo. Por ejemplo, si tu corazón late deprisa, tu cerebro sabrá rápidamente que tienes miedo, o si te ríes, sabrá que estás contenta.

Puedes pensar que tus sentimientos están fuera de tu control. Sin embargo, tú eres la dueña de tus emociones, así que tienes el poder de manejarlas con ciertas técnicas que aprenderás más adelante en este capítulo. En primer lugar, aprenderás cuáles son las distintas emociones que experimentas en esta etapa de tu vida.

Emociones comunes en la adolescencia

Culpabilidad

Es el sentimiento que tienes cuando haces algo en contra de tus creencias o hieres los sentimientos de alguien. Por ejemplo, te sientes culpable si le dices algo malo a tu hermano y te sientes mal después.

Celos

Los celos son una emoción negativa que algunas personas sienten cuando les molesta que otros tengan algo que ellos no tienen. Por ejemplo, tu amigo podría estar celoso de la chica más popular del colegio.

Miedo

El miedo se produce cuando te sientes amenazada por una persona o una situación. Por ejemplo, cuando te ataca un perro, te asustas y huyes.

Preocupación

La preocupación es el resultado de la ansiedad y el miedo. Por ejemplo, te preocupas antes de un examen porque temes suspender.

Timidez

La timidez se produce cuando tu confianza en ti misma se tambalea o te sientes menos que tus compañeros. Por ejemplo, puedes sentirte tímida y tener dificultades para hablar en clase si tienes baja autoestima.

Ira

Te enfadas cuando alguien te falta al respeto o te ataca, o cuando las cosas no salen como tú quieres. Por ejemplo, te enfadas si alguien te grita o se burla de ti.

Felicidad

La felicidad es cuando disfrutas de la vida y quieres que cada día cuente. Cuando eres feliz, pasas tiempo con tus amigos, te cuidas y haces lo que te gusta.

Amor

El amor es una de las emociones más bellas del mundo. Amas a tu familia, a tus amigos, a tus mascotas, etc.

No hay una emoción buena o mala. Todas las emociones son válidas y tienen un propósito que afecta a todas las áreas de tu vida. Forman parte de lo que eres, así que no te avergüences de ellas. Acepta y abraza tus emociones, incluso las más desafiantes, como el miedo o la ira.

Conciencia emocional

Consiste en reconocer y comprender tus emociones mientras suceden para poder regularlas o gestionarlas. Cuando las personas no son conscientes de sus emociones, las expresan de forma poco saludable. Por ejemplo, arremetes contra la gente porque estás enfadada. Te habrías dado cuenta de que tu comportamiento no era agradable y habrías expresado tus sentimientos de otra manera si hubieras comprendido tus emociones.

Puedes utilizar varias técnicas para aprender a ser consciente de tus emociones.

Reconoce tus emociones

1. Describe cómo te sientes sin avergonzarte de tus emociones. Sé sincera contigo misma y no te guardes nada.

_____
_____
_____
_____

2. Busca las causas o los desencadenantes de esta emoción. ¿Qué o quién te ha hecho sentir así? A veces, no es la situación la que te afecta. Más bien, es tu interpretación. Por ejemplo, tu mejor amiga iba a venir a una fiesta de pijamas, pero la canceló en el último momento. Te enfadarás si interpretas la situación como que tu amiga no tiene tiempo para ti. Sin embargo, no te enfadarás si le das el beneficio de la duda y crees que tiene una urgencia.

3. Presta atención a tu reacción física ante la emoción, como sudoración, temblores, rechinar de dientes, malestar en el estómago, etc.

_____
_____
_____
_____

4. Pregúntate qué quieres hacer como resultado de tus emociones. No te contengas y sé sincera contigo misma. Quizá quisieras llorar o gritarle a alguien. Comprender estas necesidades hace que sea más fácil controlarlas en el futuro.

5. Escribe lo que dijiste o hiciste en esa situación.

_____
_____
_____
_____

Etiqueta tus emociones

Una vez que reconozcas tu emoción, etiquétala diciendo su nombre en voz alta o para ti misma. Por ejemplo, di (o piensa) "estoy contenta" si te estás divirtiendo con tus amigos. Etiquetar las emociones es necesario para entender lo que sientes y poder afrontarlo. También te hará ser consciente de tus emociones constantemente.

Expresa tus emociones

Después de comprender tus sentimientos, debes encontrar formas sanas de expresarte.

1. Sé sincera y vulnerable cuando te expreses ante un familiar o un amigo. No te guardes nada porque son personas que se preocupan y quieren lo mejor para ti.
2. Di lo que piensas. No hace falta que suene perfecto.
3. Expresa todos tus sentimientos, positivos y negativos.
4. Si te sientes incómoda al hablar de tus sentimientos, primero escribe un diario, luego practica delante de un espejo y, cuando te sientas más cómoda, con un amigo íntimo.
5. Antes de hablar, respira hondo para calmarte.
6. Acepta tus emociones y comprende que no hay nada malo en ellas. Cuando lo hagas, te resultará más fácil abrirte y hablar de ellas.

Desarrollar la conciencia emocional

1. Presta atención a cómo te sientes a lo largo del día.
2. Puntúa cómo te sientes del uno al diez.
3. Fíjate en cómo actúas cuando sientes tus emociones.
4. Ten en cuenta tus opiniones. A veces, tus opiniones están influenciadas por otras personas, las redes sociales o los adultos.
5. Lleva un diario junto a tu cama y, cada noche, escribe las emociones que has sentido durante el día.
6. Descubre qué desencadena o causa tus emociones.

Regulación emocional

Es la capacidad de conocer tus emociones y pensamientos para poder gestionarlos. Seguro que has visto a alguno de tus padres o profesores calmarse en una situación caótica. No han perdido los nervios ni se han derrumbado. ¿Cómo lo hicieron? Regulan sus emociones. Siguen enfadándose y alterándose, pero han aprendido a manejar sus sentimientos y a controlar sus reacciones.

A veces, parece que tus emociones te controlan. Por ejemplo, cuando te enfadas, no puedes evitar gritar. Recuerda que siempre tienes el control. Ciertas técnicas pueden enseñarte a gestionar y afrontar mejor las grandes emociones.

Estrategias para gestionar las grandes emociones

Respiración profunda

Los ejercicios de respiración profunda pueden calmar los nervios, ralentizar el ritmo cardíaco y despejar la cabeza para concentrarse en responder adecuadamente.

Instrucciones:

1. Respira larga y profundamente mientras cuentas hasta cuatro.
2. Mantén la respiración mientras cuentas hasta cuatro.
3. Espira mientras cuentas hasta cuatro.
4. Mantén la respiración mientras cuentas hasta cuatro.
5. Repítelo hasta que te sientas tranquila.

Ejercicio de conexión a tierra

Cuando experimentas emociones intensas, puede que te cueste estar presente en tu cuerpo. Necesitarás conectar con tus cinco sentidos. Este ejercicio es perfecto.

Instrucciones:

1. Mira por la habitación y nombra cinco cosas que puedas ver.
2. Cuatro cosas que puedas tocar.
3. Tres cosas que puedas oír.
4. Dos cosas que puedas oler.
5. Una cosa que puedas saborear.

Sal a pasear

Salir a pasear puede ayudarte a liberar tus emociones
https://unsplash.com/photos/shallow-focus-photography-of-person-walking-on-road-between-grass-ljoCgjs63SM?utm_content=creditShareLink&utm_medium=referral&utm_source=unsplash

Cuando te sientas abrumada por tus emociones, sal a pasear por la naturaleza. Sal de tu cabeza y concéntrate en los sabores, sensaciones y olores de tu entorno.

Colorear

Colorear es uno de los ejercicios más eficaces para reducir el estrés y la ansiedad. Compra divertidos libros para colorear y lápices de colores, pon música suave y empieza a colorear. Te sentirás mucho mejor al terminar.

Meditación

Instrucciones:

1. Siéntate en una habitación tranquila en una postura cómoda.
2. Cierra los ojos y respira hondo varias veces.
3. Concéntrate en la emoción con la que luchas.
4. Imagina que se convierte en una bola blanca de luz y observa cómo se aleja flotando.
5. A continuación, respira profundamente por las fosas nasales y respira por la boca durante unos minutos.
6. Imagina algo o alguien que represente amor y compasión para ti, como tu abuela o una manta blanca grande y cálida.

7. Imagina que esta figura cálida te abraza y te protege.
8. Dedica unos minutos a esta imagen.
9. Te sentirás mejor y más tranquila que nunca.

Estrés y ansiedad

El estrés y la ansiedad son muy comunes entre los adolescentes. Están sometidos a presión en la escuela y en casa y se debaten entre seguir las normas de la sociedad y ser ellos mismos.

El estrés está causado por factores externos, como las tareas escolares o las peleas con tu mejor amiga. Si estás estresada, experimentarás síntomas físicos y mentales. Por otro lado, la ansiedad es una preocupación extrema que afecta a tu vida y reduce tu productividad.

El estrés es pasajero y suele desaparecer por sí solo. La ansiedad dura más, no suele tener un desencadenante y puede necesitar la ayuda de un terapeuta.

Síntomas del estrés
- Estreñimiento o diarrea.
- Mareos.
- Náuseas.
- Soledad.
- Sentirse abrumada.
- Infelicidad.
- Ira.
- Irritabilidad.
- Mal humor.
- Pensamientos ansiosos.
- Respiración acelerada.
- Aumento de los latidos del corazón.

Síntomas de la ansiedad
- Inquietud.
- Tensión.
- Nerviosismo.
- Estreñimiento o diarrea.
- Sudoración.

- Inquietud.
- Respiración acelerada.
- Aumento de los latidos del corazón.
- Malestar estomacal.
- Dolor en el pecho.
- Entumecimiento.

Vivir con ansiedad y estrés no es fácil. Sin embargo, algunas técnicas pueden ayudarte a sobrellevarlo.

Mecanismo de afrontamiento del estrés
Ejercicio

El ejercicio puede ayudar a reducir el estrés
https://unsplash.com/photos/woman-exercising-indoors-lrQPTQs7nQQ?utm_content=creditShareLink&utm_medium=referral&utm_source=unsplash

El ejercicio regular puede reducir el estrés y ponerte de buen humor. Sal a pasear, a correr o practica algún deporte. Elige algo que te guste para poder hacerlo todos los días.

Duerme lo suficiente

La falta de sueño puede aumentar tu estrés y volverte irritable. Necesitas dormir entre siete y ocho horas cada noche para que tu cerebro funcione correctamente. Prepara un ambiente relajante antes de acostarte si tienes problemas para dormir. No utilices el teléfono ni el portátil dos horas antes de dormir. Mantén tu habitación fresca y oscura, y cierra las ventanas para eliminar el ruido exterior.

Visualización
Instrucciones:
1. Siéntate en una posición cómoda en una habitación tranquila.
2. Respira lenta y profundamente varias veces.
3. Imagina tu lugar favorito, como la casa de tu abuela o el lugar al que sueles ir de vacaciones. También puede ser un lugar imaginario como Hogwarts.
4. Presta atención a todo lo que hay en ese lugar, como el aire que te roza el pelo, absorbe los colores que te rodean, escucha el ruido, huele el aire y disfruta de la experiencia.
5. Te sientes querida y segura.
6. Todo lo que te rodea te está curando y te hace sentir tranquila.
7. Inhala emociones cálidas y relajación, y exhala la tensión y el estrés.

Respiración profunda
Instrucciones:
1. Siéntate en una posición cómoda y cierra los ojos.
2. Espira y deja caer los hombros.
3. Inspira por las fosas nasales. Deja que el aire llene tu vientre y tus pulmones.
4. Siente cómo el aire calma tu mente y relaja tu cuerpo.
5. Espira por las fosas nasales y libera la tensión y el estrés.
6. Repítelo tres veces o hasta que te sientas relajada.

Come sano
Una dieta sana puede aumentar tu energía para que puedas manejar el estrés. Por eso, come de forma equilibrada verduras, proteínas y fruta, y reduce tu consumo de azúcar.

Mecanismos de afrontamiento de la ansiedad
Yoga
Practicar yoga todos los días puede hacer que estés más tranquila y relajada. Te da fuerza mental y física para afrontar el estrés y la ansiedad.

Postura de yoga para estirar el cuello
https://www.pexels.com/photo/a-woman-in-activewear-stretching-her-neck-8534778/

Instrucciones:
1. Siéntate en la misma posición que en la imagen.
2. Inspira y levanta el brazo derecho por encima de la cabeza.
3. Espira, pon la palma de la mano derecha sobre la oreja izquierda e inclina la cabeza como en la imagen.
4. Repite los pasos cuatro veces y cambia de lado.

Ejercicio de respiración 4-7-8
Instrucciones:
1. Abre ligeramente la boca y haz un silbido.
2. Espira por la boca y suelta todo el aire del cuerpo.
3. Cierra los labios e inspira por la nariz sin hacer ruido mientras cuentas mentalmente del uno al cuatro.
4. Aguanta la respiración durante siete segundos.
5. Espira por la boca haciendo un silbido durante ocho segundos.

Date un capricho
Una de las mejores formas de afrontar la ansiedad es reconocer tus puntos fuertes y tus logros y recompensarte por ser increíble. Cada vez que hagas ejercicio, saques una buena nota, consigas uno de tus objetivos, regules tus emociones o hagas cualquier cosa que te haga

sentir orgullosa, date un capricho. Cómprate un buen regalo como accesorios, chocolate, una cena o cualquier cosa que te haga sonreír.

Practica la gratitud

La gratitud te recuerda todas tus bendiciones. A veces, cuando experimentas ansiedad, no puedes ver lo increíble que es tu vida o lo afortunada que eres. Coloca un diario junto a tu cama y escribe tres cosas por las que estés agradecida, o descarga una aplicación de gratitud si te resulta más fácil. Puedes escribir cualquier cosa, desde sacar un sobresaliente en un examen, tener grandes amigos, disfrutar de una buena comida o apreciar el buen tiempo.

Depresión y tristeza

La depresión es un problema de salud mental que te hace sentir triste y cansada todo el tiempo y perder el interés por las actividades que antes te gustaban. La depresión afecta a todas las áreas de la vida, a cómo te comportas, piensas y sientes.

Síntomas de la depresión

- Ira.
- Ignorar tu aspecto e higiene.
- Bajo rendimiento escolar.
- Aislamiento social.
- Dolores de cabeza y corporales.
- Inquietud.
- Comer poco o demasiado.
- Dormir demasiado o falta de sueño.
- Agotamiento.
- Pesimismo.
- Falta de concentración.
- Olvido.
- Dificultad para tomar decisiones.
- Necesidad de tranquilidad.
- Autocrítica.
- Culpabilidad.
- Baja autoestima.

- Irritabilidad.
- Tristeza.
- Frustración.

Tristeza ocasional frente a depresión clínica

Es fácil confundir la tristeza con la depresión, pero ambas difieren. La tristeza es una emoción normal que te deja triste y de mal humor. Todas las personas se sienten tristes de vez en cuando por situaciones desagradables o decepcionantes. La tristeza puede ser leve y desaparecer rápidamente o ser intensa y durar días. A diferencia de la depresión, que es duradera, la tristeza es temporal. Sin embargo, una tristeza intensa puede desembocar en una depresión.

La depresión no tiene nada de malo o vergonzoso. Muchas personas la sufren en algún momento de su vida. Como cualquier enfermedad, puedes mejorar si recibes ayuda. No dudes en buscar ayuda si tienes depresión. Habla con tus padres, tu profesor o tu orientador escolar.

Mecanismo de afrontamiento

Si tienes depresión, lo mejor es que acudas a un terapeuta. Sin embargo, puedes hacer algunas cosas para sobrellevar los síntomas.

- Si tienes una tristeza abrumadora, habla con alguien de confianza; puede aconsejarte y hacerte ver tu valía.
- Practica los ejercicios de esta sección, como yoga, meditación o ejercicios de respiración.
- Antes de dormir, escribe tres cosas buenas que te hayan pasado, como que un amigo te haya felicitado, que tu profesor haya elogiado tu actuación o que hayas almorzado bien.
- La depresión hace que cualquier problema parezca mayor o peor de lo que es. Está bien hablar con alguien cuando estás triste. Sin embargo, si te quejas constantemente del mismo problema, habla de un tema más motivador. Puede ser algo pequeño, como una buena película que hayas visto recientemente. Asegúrate de cambiar tu mentalidad hacia algo positivo.
- La depresión bloquea la creatividad. Acostúmbrate a hacer algo creativo cada día, como cantar, escribir, bailar, tocar un instrumento, pintar o colorear.

- Haz algo que te haga sonreír cada día, como jugar con tu mascota, hablar con un amigo o ver un vídeo, una película o un programa de televisión divertidos.
- Come sano y bebe mucha agua.

Herramientas para el bienestar emocional

Cuida tu salud mental y física fomentando una conexión mente-cuerpo, por ejemplo expresando gratitud, paseando por la naturaleza, haciendo yoga, meditación y ejercicios de respiración.

Crea también una caja de herramientas de bienestar emocional a la que recurrir cuando te enfrentes a problemas emocionales. Una caja de herramientas de bienestar emocional es una lista de actividades agradables que puedes hacer para cuidar tu salud mental, física y emocional.

Puedes añadir muchas cosas a tu caja de herramientas. Estas son algunas sugerencias:

- Escuchar música.
- Un baño caliente.
- Haz algo bueno por tus amigos o tu familia.
- Escribe algunas cosas que te gusten de ti misma.
- Haz una lista de tus logros.
- Mira viejas fotos y revive cálidos recuerdos.
- Pasa tiempo con la gente que te hace sonreír.
- Practica un deporte.
- Haz trabajo voluntario.
- Sal a pasear con un amigo.
- Monta en bici.
- Lee un libro.
- Pasa menos tiempo con el teléfono.

Puedes añadir más a tu caja de herramientas. Encuentra hábitos saludables que te ayuden a relajarte.

Puedes controlar tus respuestas y reacciones si regulas tus emociones. Tus emociones forman parte de ti, así que debes abrazarlas y aceptarlas. Nunca te avergüences de mostrar debilidad o vulnerabilidad. No pasa nada por estar triste o pedir ayuda. Sólo así mejorarás. Recuerda que no estás sola. Sea lo que sea por lo que estés pasando, tu sistema de apoyo te quiere y se preocupa por ti.

Sección 4: Tu cuerpo y el cuidado personal

Desde los brotes de crecimiento hasta los cambios hormonales y los cambios en las rutinas diarias, tu cuerpo está sometido a mucha presión durante la adolescencia. Este capítulo aborda estos cambios, experiencias y preocupaciones durante la pubertad y la adolescencia, proporcionando muchos consejos, trucos y sugerencias para navegar por este difícil viaje. Habla de la higiene femenina y la salud menstrual. Además, aprenderás prácticas de autocuidado para mantener tu cuerpo sano.

Las prácticas de autocuidado pueden mantener tu cuerpo sano
https://www.pexels.com/photo/woman-painting-her-nails-7321742/

Tu salud menstrual

El mayor cambio que experimentarás se produce al entrar en la pubertad. La mayoría de las chicas tienen su primera regla entre los doce y los quince años. Algunas empiezan a menstruar a los diez, lo cual es totalmente normal. Sin embargo, la pubertad comienza unos dos años antes de la primera regla. Notarás que tus pechos crecen y se vuelven sensibles, que tus caderas se ensanchan y que te sale vello corporal (primero en el pubis y luego en las axilas). Además, durante este periodo tu estatura crece más rápidamente. Unos seis meses antes de que empiece la regla, es posible que experimentes un ligero flujo.

La menstruación está provocada por cambios hormonales. Como mensajeras de tu cuerpo, las hormonas son cruciales para mantenerte sana. Los ovarios liberan hormonas estrógeno y progesterona que ayudan a preparar el útero para el embarazo. Cada mes, uno o más óvulos maduran en los ovarios. La ovulación es el momento en que el óvulo se libera y viaja a través de la trompa de Falopio (una estructura delgada que conecta los ovarios con el útero). El revestimiento del útero se engrosa, proporcionando un nido protector para el óvulo fecundado (la fecundación se produce cuando el óvulo se encuentra con un espermatozoide). El óvulo fecundado se convierte en un bebé. Cuando no se produce la fecundación, el óvulo y el grueso revestimiento del útero se desprenden, provocando hemorragias y dolor.

Aunque las menstruaciones suelen producirse una vez al mes, es probable que no seas regular desde el principio. Debido a la aparición repentina de cambios hormonales, es posible que tengas periodos irregulares durante dos años, lo cual es normal. Después de 2-3 años, deberías tener la regla cada 28-35 días. Puede durar entre 3 y 7 días. Algunas chicas tienen reglas cortas y ligeras, mientras que otras las tienen más largas y abundantes. Ambas son normales si se producen con regularidad.

La regla (y la ovulación en general) indica que tu cuerpo es fértil, lo que significa que puedes quedarte embarazada. Puede ocurrir antes de que tengas la primera regla, porque la ovulación empieza antes. Cuando empiezas a ser sexualmente activa, es fundamental practicar sexo seguro para evitar el embarazo y las enfermedades de transmisión sexual (ETS). Las ETS pueden causar muchos problemas a las chicas, incluidas consecuencias para su salud a largo plazo.

Afortunadamente, existen muchas opciones anticonceptivas para evitar el embarazo. Habla con tu médico sobre las versiones de anticonceptivos hormonales, el método más popular entre las chicas. Los distintos anticonceptivos hormonales funcionan mejor para unas chicas que para otras. Es posible que tengas que probar varias versiones antes de encontrar la que mejor funciona. No pasa nada. Sin embargo, la mejor forma de prevenir las ETS es utilizar un preservativo. No te sientas presionada para no utilizarlo. Puede evitarte muchos problemas en el futuro.

Que tus amigas sean sexualmente activas no significa que tú tengas que serlo. Es una experiencia maravillosa, pero debes estar preparada y sentirte cómoda con tu pareja. Deben tener tu consentimiento, lo que significa que tienes derecho a decir que no si te sientes incómoda con las insinuaciones de alguien. Si alguien hace caso omiso de tus límites, debes avisar a un adulto o a alguien de confianza.

Sangrar una vez al mes puede asustarte. Pero no te preocupes. No perderás más de unas cucharadas de sangre durante todo el periodo. Las mujeres tienen la regla hasta que entran en la menopausia, entre los 45 y los 55 años. El único momento en que es normal que las niñas y las mujeres no tengan la regla es durante el embarazo.

Los periodos van acompañados de síntomas conocidos como síndrome premenstrual o **SPM**. Experimentarás el **SPM** antes de que empiece el sangrado. Sentirse malhumorada, ansiosa y triste antes de la regla es normal. Sólo durará uno o dos días. También puedes experimentar hinchazón, estreñimiento y brotes de acné. Cuando empiece la regla, sentirás calambres en el bajo vientre.

Debes acudir al médico si tu menstruación no se regulariza al cabo de tres años, si no te ha venido la regla después de cumplir 15 años, si los calambres son demasiado intensos y no responden al ibuprofeno, si tienes un síndrome premenstrual intenso, si sangras mucho (traspasas los tampones y las compresas en una hora) o si tienes hemorragias entre menstruaciones.

¿Tampones, compresas o copas menstruales?

Aunque la mayoría de las chicas optan por las compresas para sus primeras menstruaciones, siéntete libre de elegir el método que te resulte más cómodo. Al principio, el uso de tampones puede parecer intimidatorio, pero es sólo cuestión de práctica. Si no estás segura de cómo utilizarlos, pregunta a tu madre o a una pariente mayor. Las compresas vienen en diferentes formas y tamaños y son fáciles de usar, sobre todo para las principiantes. Cambia las compresas cada 3-8 horas o cuando estén llenas. Sin embargo, pueden limitar tus actividades (no puedes nadar) o hacerte sentir incómoda (pueden causar rozaduras durante la práctica de deportes y otras actividades vigorosas). Aunque los tampones son más eficaces para retener la sangre (se introducen en la vagina, a diferencia de las compresas, que recogen la sangre a medida que sale), no deben dejarse más de siete horas. Si se dejan durante más tiempo, pueden proliferar bacterias y provocar una infección potencialmente mortal denominada síndrome de shock tóxico.

A continuación, te presentamos un breve resumen de las ventajas e inconvenientes de las compresas y los tampones para ayudarte a elegir la mejor opción.

Tampones

Pros:

- Más pequeños: Los tampones son pequeños, lo que hace que sean fáciles de llevar en el bolso, por lo que nunca estarás desprevenida cuando te venga la regla.
- Discretos: Al introducirse en la vagina, los tampones son invisibles bajo la ropa.
- Aptos para actividades físicas, incluida la natación: Los tampones no se moverán durante el ejercicio extenuante, ni se empaparán de agua, por lo que son más cómodos de usar cuando se practica natación y actividades deportivas.

Contras:

- Pueden ser difíciles de usar: Aunque los fabricantes de tampones proporcionan instrucciones sobre el uso de sus productos, la inserción de los tampones puede ser un reto, sobre todo cuando empiezas a usarlos.
- Pueden causar irritación: Los tampones son más propensos a causar sequedad e irritación, especialmente si se dejan más tiempo del habitual/necesario.
- Riesgo de infecciones y SST: Los tampones deben cambiarse con frecuencia; de lo contrario, pueden provocar infecciones graves y el síndrome del shock tóxico.

Compresas
Pros:

- Más fáciles de usar: Las compresas son más fáciles de cambiar y resultan especialmente cómodas para su uso durante la noche, ya que no tendrás que preocuparte de cambiarlas con frecuencia. También es más fácil determinar cuándo hay que cambiar una compresa, con sólo mirarla y calcular su nivel de llenado.
- Mejor para menstruaciones abundantes: Si tienes menstruaciones abundantes, tendrás que cambiar los productos para el periodo más a menudo. Cambiar las compresas con frecuencia a lo largo del día es más fácil.
- Menos riesgo de infecciones y TTS: Aunque no se cambien durante un periodo más largo, el riesgo de infección es mucho menor con las compresas.

Contras:

- Menos discretas: Las compresas pueden ser visibles bajo la ropa ajustada.
- Pueden ser inadecuadas para actividades físicas: Las compresas tienden a moverse. Si se desplazan, la ropa se mancha.
- No se pueden utilizar para nadar: Las compresas no son impermeables. Si nadas con ellas puestas, se empaparán de agua, se desplazarán y te resultarán incómodas.

Copas

La copa menstrual es una pequeña copa de silicona para recoger la sangre menstrual. Al igual que los tampones, las copas menstruales también se introducen en la vagina. La diferencia es que no tienes que cambiarla tan a menudo. Sólo tienes que vaciarla cada dos horas.

Aunque la menstruación es una parte saludable de tu vida, es posible que sientas miedo (si aún no te ha llegado) o incomodidad al manejarla. Muchas chicas temen no poder disfrutar de sus actividades favoritas durante la regla. Sin embargo, esto no es cierto. Puedes hacer ejercicio, divertirte y disfrutar de la vida como lo haces cuando no tienes la regla. Aquí tienes algunos trucos prácticos para la regla.

Calambres

Si los calambres te molestan al principio de la regla, utiliza una almohadilla térmica caliente para calmar el dolor. Los calambres se producen porque los músculos del útero se contraen para expulsar el revestimiento y la sangre. Calentar los músculos los relaja y ralentiza su contracción para que causen menos dolor. Puedes conseguir diferentes almohadillas térmicas en farmacias o en la tienda de comestibles más cercana.

Puedes tomar ibuprofeno para aliviar el dolor si tus menstruaciones son muy dolorosas. Además, los suplementos de magnesio y una dieta sana podrían aliviar los síntomas. Por ejemplo, evitar los alimentos que provocan más hinchazón (como los productos lácteos) te ayudará a sentirte más cómoda.

Cómo crear hábitos de sueño saludables

Dormir menos de 8 horas por noche afecta negativamente a la salud, las relaciones y la vida
https://www.pexels.com/photo/woman-sleeping-935777/

¿Sueles quedarte despierta hasta tarde por la noche porque tienes muchas cosas que hacer durante el día o porque te preocupas tanto que no puedes conciliar el sueño? Dormir menos de ocho horas por noche afecta negativamente a tu salud, tus relaciones y tu vida. La falta de sueño puede hacerte perder la concentración en la escuela y en los deportes y exponerte a enfermedades y al aumento de peso.

Si tienes problemas para conciliar el sueño o dormir toda la noche, aquí tienes algunos trucos que te ayudarán:

- **Evita la cafeína:** Aunque algunos prefieren una taza de té o café por la mañana, la cafeína estimula demasiado a altas horas de la madrugada. Las bebidas energéticas son aún peores. Contienen azúcar, lo que garantiza mantenerte despierta.
- **Se más activa:** ¿Recuerdas lo fácil que era quedarse dormida cuando eras más joven y corrías mucho? Aunque esto puede resultar más difícil a medida que tu horario se vuelve más ajetreado cada año, la actividad física regular (incluso una hora de caminata vigorosa) te ayudará a dormir mejor.
- **No uses aparatos electrónicos:** Sí, probablemente este sea el consejo más difícil de poner en práctica, pero deja tus aparatos al menos treinta minutos antes de acostarte. Mirar el teléfono o la tableta justo antes de dormir induce al cerebro a pensar que no es hora de irse a la cama, lo que hace que estés más alerta de lo necesario.
- **No te preocupes por tu sueño:** A veces, cuando quieres algo demasiado, te pones tan ansiosa que te impide conseguirlo. Lo mismo ocurre con el sueño. En lugar de preocuparte por si pasarás otra noche en vela, dite a ti misma que dormirás bien.
- **Sé constante:** La mejor forma de conseguir que el cuerpo y la mente se relajen antes de dormir es acostarse a la misma hora todas las noches. Crea una rutina de sueño haciendo algo relajante y repítelo cada noche. Puedes meditar, leer, escribir en un diario, escuchar tu música favorita o pasar tiempo con tu mascota. Las opciones son enormes.

Rutinas de cuidado de la piel, las uñas y el cabello

Con todos los cambios hormonales que experimentas y el aumento de tus responsabilidades, controlar tu rutina de cuidado de la piel, las uñas y el cabello puede convertirse en un reto increíble. Sin embargo, muchos adolescentes sufren sudoración excesiva, piel grasa y acné. Esto hace que sea aún más importante tener una rutina de cuidado de la piel eficaz.

Durante la pubertad, los cambios hormonales hacen que las glándulas de la piel produzcan más grasa (sebo). Cuando el exceso de sudor y sebo queda atrapado en las pequeñas aberturas de la piel (poros), se obstruyen e inflaman, desarrollando el acné. Una dieta poco saludable puede empeorar el acné. Lo mismo puede ocurrir con la menstruación. Las hormonas activas antes y durante el periodo hacen que las glándulas produzcan más grasa y sudor, sobre todo en la cara, el cuello, los hombros, el pecho y la espalda. Las hormonas fluctúan más en los adolescentes, por lo que el acné es más frecuente que en los adultos, lo que lo hace más difícil de controlar.

Es probable que tengas más tendencia al acné si tienes la piel grasa. Mantén la piel limpia para prevenir los brotes y evitar la acumulación excesiva de sebo (¡la grasa!).

Las hormonas que despierta la pubertad también provocan un exceso de sudoración. Es posible que sudes más si estás estresada. Utiliza desodorantes y antitranspirantes naturales para controlar la sudoración, y dúchate al menos una vez al día (o después de hacer ejercicio físico). Lleva ropa de materiales transpirables y naturales, ya que absorben el exceso de humedad y dejan respirar la piel.

Algunos adolescentes luchan contra el eccema y la dermatitis atópica. Estas afecciones provocan sequedad, descamación y picor en la piel. Las uñas también pueden volverse más quebradizas. La ropa deportiva, los materiales sintéticos y los perfumes pueden agravar la afección.

Te compartimos cómo tener una piel y unas uñas sanas:

- Utiliza siempre limpiadores suaves, aunque tengas la piel grasa. Utiliza limpiadores con ácido láctico o salicílico si tu piel es propensa al acné, ya que ayudan a desobstruir los poros y a mantener la piel libre de grasa.
- Utiliza a diario una crema hidratante sin aceite, preferiblemente con protección solar incorporada para proteger tu piel de los rayos UVA y UVB. Utiliza una loción más hidratante y sin perfume si tu piel es sensible o tienes eccemas.
- Exfóliate una vez a la semana para evitar la obstrucción de los poros. Si tienes la piel grasa o mixta, utiliza exfoliantes con ácido salicílico o caseros con azúcar y miel. Si tu piel es sensible, utiliza un exfoliante casero a base de avena.
- Aplícate bálsamo labial con regularidad para mantener los labios hidratados.
- Utiliza crema de manos para nutrirlas, sobre todo si tienes la piel seca. También puede ayudarte a evitar las uñas rotas y los

pequeños cortes alrededor del lecho ungueal, que pueden resultar dolorosos.
- Evita tocarte la cara con demasiada frecuencia. Lávate las manos cada vez que lo hagas para evitar propagar las bacterias que provocan los brotes.
- Aplícate el maquillaje con utensilios limpios y retíralo antes de acostarte. Utiliza agua micelar para limpiarte la cara y evitar que se obstruyan los poros.

En cuanto a las rutinas capilares, encontrar lo que funciona depende de tu tipo de pelo. Por ejemplo, el pelo liso es más fácil de peinar y más propenso a engrasarse rápidamente. Para este tipo de cabello, lo mejor son los champús sin sulfatos, sobre todo si puedes lavarte el pelo cada 2-3 días.

El pelo rizado tiende a encresparse en las raíces y a secarse en las puntas, por no hablar de lo difícil que es peinarlo. Los rizos dificultan la difusión de los aceites naturales del cuero cabelludo, por lo que necesitas utilizar un acondicionador más hidratante. Limita los lavados a una vez por semana para evitar la sequedad. Utiliza sólo peines de púas anchas o cepillos desenredantes especiales.

Textura intermedia. El pelo ondulado suele tener el cuero cabelludo graso y las puntas secas. Este tipo de cabello puede ser más difícil de peinar que el liso. Lávalo cada 3-4 días, aplicando champú sólo en el cuero cabelludo. Utiliza acondicionador sólo en las puntas y en los medios, dependiendo de la longitud.

Consejos adicionales para todo tipo de cabello:
- Recortarte las puntas cada seis meses hará que tu pelo esté más sano.
- Evita aplicar calor al cabello con frecuencia y experimenta con métodos de peinado sin calor.
- Sumerge el pelo en aceite de coco durante un par de horas antes de lavarlo.
- No enredes el pelo para evitar que se rompa.
- Mantente hidratada y sigue una dieta sana. Tu pelo, tus uñas y tu piel te lo agradecerán.

Nutrición y alimentación sana

Es posible que, con todo lo que tienes que pensar, te olvides de prestar atención a tu dieta. La nutrición es uno de los pilares básicos para mantener la salud y el bienestar. Las chicas pueden desarrollar hábitos alimentarios poco saludables debido a la presión de sus compañeros o a la insatisfacción con su cuerpo. Saltarse comidas con regularidad y comer comida basura son igualmente malos. La comida alimenta tu cuerpo y tu mente para que te sientas mejor contigo misma. La comida adecuada puede levantar el ánimo y facilitar la aceptación de las pequeñas imperfecciones que todo el mundo tiene. El cuerpo de cada persona es perfecto.

Necesitas al menos 1800-2200 calorías diarias para nutrir tu cuerpo (incluso más, si haces deporte con regularidad). Esto significa que debes hacer tres comidas regulares y al menos dos tentempiés al día. Estas comidas deben ser equilibradas, con abundantes proteínas, grasas saludables y carbohidratos para ayudar a mantener tu energía para todas tus actividades diarias. Sin embargo, esto no significa que no puedas disfrutar de algún capricho ocasional, aunque sea comida rápida o tentempiés dulces o salados envasados.

Si te preguntas por qué comer sano es bueno para tu cuerpo, esto es lo que puede provocar una dieta inadecuada:

- Períodos menstruales irregulares, a menudo acompañados de infertilidad en etapas posteriores de la vida.
- Retraso del crecimiento: no crecerás tanto.
- Falta de energía para el rendimiento físico y académico.
- Deficiencia de vitaminas.
- Carencia de yodo y hierro, más común en las niñas debido a la pérdida de sangre.
- Carencia de calcio, que provoca debilidad ósea.
- Desarrollo inadecuado de los órganos, por lo que es más probable que desarrolles enfermedades crónicas en el futuro.

Por el contrario, si consumes:

- **Proteínas como el pollo, el tofu, las lentejas, las alubias, el pescado y los huevos:** Proporcionan a tu cuerpo sus componentes básicos esenciales. Cada célula está formada por proteínas y son necesarias en muchos procesos.

- **Grasas saludables como nueces, semillas de girasol, semillas de calabaza, aceite de oliva, mantequilla de frutos secos, aguacates, yemas de huevo, yogur integral y queso:** Estás obteniendo ácidos grasos saludables esenciales para el equilibrio hormonal y otros procesos metabólicos.
- **Carbohidratos de liberación lenta, como los cereales integrales y las verduras sin almidón, como el brócoli de hoja verde y las zanahorias:** Aportan energía a tu cuerpo.
- **Fruta y verduras con almidón:** Te aportan muchas vitaminas y minerales para mantener tu cuerpo sano a largo plazo.

Comienza el día con un desayuno completo

Empieza el día con un desayuno completo que despierte tu cuerpo y tu mente y ponga en marcha tu metabolismo. Debe contener muchas proteínas y carbohidratos saludables, con un poco de zumo de fruta fresca o leche.

Come tentempiés saludables

Las frutas son tentempiés saludables
https://www.pexels.com/photo/several-fruits-in-brown-wicker-basket-235294/

Lo ideal es tomar un tentempié entre el desayuno y la comida y otro entre la comida y la cena. Las mejores opciones son las semillas, los frutos secos, las frutas y los palitos de verdura. Todo es fácil de preparar y está repleto de nutrientes saludables.

Almuerza fuerte y cena ligero

Experimenta y combina diferentes ingredientes saludables hasta que encuentres la combinación adecuada. Utiliza muchas proteínas y verduras, y alíñalas con unos pocos carbohidratos para un almuerzo saciante. Una cena ligera está bien, pero no te la saltes. Una sopa de verduras o una ensalada de pasta te aportarán suficientes nutrientes para que no te vayas a la cama con hambre (esto también puede dificultar conciliar el sueño).

Postres bajos en grasa y azúcar

Es difícil decir no a los postres, y no tienes por qué hacerlo. Hay muchas alternativas saludables, como las macedonias y los yogures bajos en grasa o los postres enriquecidos con frutos secos y chocolate sin azúcar. Es mejor optar por estas alternativas que suprimir por completo los postres, ya que esto puede provocar antojos y atracones de alimentos azucarados y ricos en grasas.

Mantente hidratada

¿Sabías que no beber agua puede hacerte sentir hambrienta, aunque no lo estés? Beber suficiente agua te ayuda a evitarlo y estimula tu metabolismo para quemar más calorías. Además, si eliges agua en lugar de bebidas azucaradas, reducirás las calorías líquidas y tendrás espacio para comer alimentos más sanos.

Limitar la comida basura

Limita al máximo la comida basura (alimentos que no contienen nutrientes valiosos). Éstos sólo tienen calorías vacías, lo que te hace ganar peso y agota los nutrientes de tu cuerpo.

Sección 5: Domina tus habilidades sociales

¿Te resulta fácil hablar con la gente? ¿O a veces te cuesta acercarte a gente nueva?

Nadie nace con habilidades sociales. Las aprenden de sus padres, amigos, libros o experiencias. Son habilidades necesarias para entablar relaciones sólidas y desenvolverse con facilidad en situaciones sociales.

Imagina a la persona más sociable y encantadora que conozcas. ¿Deseas ser como ella? Pues sí. Incluso el encanto se puede aprender. Puedes convertirte en quien quieras aprendiendo técnicas para que tu vida social sea mejor y más fácil.

Habilidades sociales

Las habilidades sociales son la forma de comunicarse e interactuar con los demás, incluida la comunicación verbal (habilidades de conversación) y la comunicación no verbal (lenguaje corporal).

Desde el principio de los tiempos, los seres humanos han sido criaturas sociales. Siempre han estado descubriendo nuevas formas de comunicarse. Empezaron con las pinturas rupestres, las señales de humo, las palomas y las cartas. Después inventaron los teléfonos, los móviles, las redes sociales y muchas aplicaciones de mensajería. Conectar con los demás es una parte importante de la naturaleza humana. Por eso la gente siempre busca formas de mejorar sus habilidades sociales para acercarse a los demás.

Las habilidades sociales pueden ayudarte a hacer amigos
https://www.pexels.com/photo/four-person-standing-at-top-of-grassy-mountain-697244/

Las habilidades sociales pueden mejorar muchos aspectos de tu vida. Puedes utilizarlas para hacer amigos, mejorar las relaciones con tu familia e interactuar con tus compañeros de clase. Estas habilidades te beneficiarán en el futuro a la hora de solicitar trabajo. Recuerda que la primera impresión importa en la vida profesional, y debes causar una que la gente no olvide fácilmente.

La importancia de las habilidades sociales

Incluso las personas más introvertidas buscan la conexión humana. Puesto que una se encuentra con gente todos los días, no se puede escapar de la socialización. Las habilidades sociales garantizan que te sientas cómoda en situaciones sociales, reducen el estrés y son beneficiosas en futuras entrevistas de trabajo.

Las habilidades sociales son importantes porque te permiten:

- Comunicar tus necesidades con facilidad.
- Enfrentarte a situaciones sociales difíciles.
- Mejorar las relaciones.
- Trabajar fácilmente con tus compañeros en proyectos de grupo.
- Relacionarse con los demás.
- Adquirir rasgos carismáticos y simpáticos.

- Comunicar fácilmente tus pensamientos.
- Sentirte más feliz con la vida y más segura de ti misma.
- Llevarte bien con los demás.
- Desarrollar relaciones con futuros compañeros de trabajo.

Inteligencia Emocional (IE)

Hablar de habilidades sociales sin mencionar la inteligencia emocional (IE) es imposible. La inteligencia emocional consiste en reconocer, comprender y gestionar tus sentimientos e identificar las emociones de los demás. Te hace más comprensiva con los demás porque sabes que tus acciones y emociones les afectan. Las personas con una alta inteligencia emocional pueden construir relaciones sanas y fuertes.

Si disfrutas de la compañía de alguien y te hace sentir a gusto, probablemente tenga una inteligencia emocional alta. Estas personas elevan a los demás y les hacen sentirse bien consigo mismos.

¿Por qué es tan importante la inteligencia emocional? Como las personas con una inteligencia emocional alta entienden sus emociones mejor que nadie, suelen controlar mejor sus reacciones y respuestas. Conocen sus puntos fuertes y débiles y trabajan constantemente para mejorar. No las verás celosas ni dominadas por la ira. En las relaciones, siempre ayudan e inspiran a los demás a ser y hacer mejor las cosas.

Estas personas tienen grandes habilidades sociales y es fácil hablar con ellas. Trabajan bien con los demás y pueden manejar las discusiones y peleas con calma.

Empatía

La empatía es otra habilidad social que te llevará lejos en la vida. ¿Conoces el dicho: "Ponte en el lugar de otra persona"? Esto es la empatía. Es sentir las emociones de los demás como si fueran las tuyas. Es ponerte en el lugar de otra persona y ver la situación desde su punto de vista y su experiencia como si fuera la tuya.

Por ejemplo, tu mejor amiga está llorando porque ha fallecido su abuela. Aunque tú nunca hayas perdido a un ser querido, puedes ponerte fácilmente en su lugar y consolarla.

Los fundamentos de una comunicación eficaz

La comunicación debe ser directa. No debe haber malentendidos. Debes expresar claramente tus pensamientos y sentimientos. No siempre es fácil, pero puedes utilizar ciertas técnicas para comunicar lo que quieres decir.

Ser asertiva

La asertividad consiste en defenderte a ti misma y a los demás con calma y honestidad. Las personas asertivas tienen confianza en sí mismas y se expresan sin agresividad, sin gritar y sin faltar al respeto a los demás.

La asertividad es esencial en la comunicación. Demuestra un carácter fuerte, ya que estás dispuesta a defender tus creencias y deseos para resolver el conflicto pacíficamente y arreglar la situación en lugar de dejar que empeore.

La comunicación asertiva tiene que ver con cómo te expresas. Tus palabras no tienen doble sentido, así que nunca te malinterpretan, a diferencia de las personas agresivas o pasivas, que nunca pueden transmitir su mensaje porque su forma de hablar no es directa ni respetuosa.

Un ejemplo de pasividad:

Tus amigos quieren ver una película de miedo y te piden tu opinión. Tú dices: "Lo que queráis", a pesar de que odias esas películas y no te dejan dormir en toda la noche durante días.

Un ejemplo de asertividad

Utilizando el mismo ejemplo anterior, si fueras asertiva, dirías: "No me gustan estas películas. Me hacen sentir incómoda. Busquemos en Internet otra que podamos disfrutar todos".

En el primer ejemplo, aceptaste hacer algo que no te gusta en lugar de defenderte. En el segundo, fuiste firme, expresaste con calma que no te gustan esas películas e hiciste una sugerencia diferente.

Expresión clara de pensamientos y sentimientos

Tus amigos y familiares no pueden leerte la mente. No sabrán lo que piensas o sientes a menos que tú se lo digas. Acostúmbrate a expresar tus sentimientos y pensamientos con claridad y sin rodeos. A algunas personas les cuesta comunicar lo que piensan. Saben lo que tienen que decir, pero no saben cómo expresarlo. No te preocupes, siempre hay una solución.

Recuerda que una comunicación poco clara puede dar lugar a malentendidos y peleas. Aprende a expresarte con estos sencillos consejos.

- Durante una conversación, exprésate inmediatamente. No te quedes callada y esperes uno o dos días para hablar. Eso lleva a confusiones y malentendidos.
- Habla claro y al grano para evitar que te malinterpreten.
- Observa a las personas que comunican fácilmente sus pensamientos y aprende de ellas.
- No tengas miedo de abrirte. Nunca podrás decir lo que sientes si te dejas llevar por el miedo.
- No des por sentado que la otra persona siempre entenderá lo que dices. Acostúmbrate a preguntarle si te entiende.

Enunciados con "yo"

Los enunciados con "yo" te dicen cómo te hacen sentir sus acciones sin centrarte demasiado en ellas. Por ejemplo, has quedado con tu mejor amiga, pero te ha dejado plantada dos veces esa misma semana. En lugar de decirle: "Me has cancelado dos veces esta semana" o "¿Por qué me cancelas tanto últimamente?". Dile: "Me molesta que sigas cancelándome. Tenía muchas ganas de verte".

¿Ves la diferencia entre las dos primeras afirmaciones y la última? Las dos primeras suenan como si la estuvieras atacando. En esta situación, ella se defenderá, lo que provocará un conflicto.

En la segunda afirmación, le has dicho directamente cómo te sientes, sin acusarla ni culparla. Le permites explicarse con calma y disculparse para que podáis resolver el problema amistosamente.

Resolución de conflictos

A nadie le gustan los conflictos, y algunas personas hacen todo lo posible por evitarlos. Sin embargo, esto no es realista. Habrá momentos en los que no estés de acuerdo o te pelees con tus amigos y familiares. Es normal en todas las relaciones.

Aprende formas sanas de manejar los conflictos en lugar de huir de ellos.

- Intenta comprender el punto de vista de la otra persona poniéndote en su lugar.

- Mantén la calma y sé respetuosa. No levantes la voz ni culpes a nadie.
- Escucha lo que dicen y haz preguntas para evitar malentendidos.
- No debe haber ganadores ni perdedores. Recuerda que ambos estáis del mismo lado y queréis resolver vuestro problema.
- Céntrate en el problema que tienes ahora mismo. No saques a relucir peleas o problemas del pasado. Eso empeora las cosas.
- Intenta encontrar un término medio, una solución que os haga felices a las dos.
- Una vez resuelto el problema, perdona y olvida. No guardes rencor ni vuelvas a sacar el tema.
- No sigas evitando el conflicto. Es mejor afrontarlo enseguida para poder hablar de ello y seguir adelante.

Escucha activa

Durante las conversaciones, muchas personas no se escuchan. Están mirando el teléfono o esperando su turno para hablar. Cuando te comunicas con los demás, debes escuchar activamente. Escuchar activamente es algo más que oír lo que dice la otra persona. Es entender su significado.

Presta toda tu atención cuando alguien te hable
https://www.pexels.com/photo/two-women-sitting-on-ground-near-bonfire-344102/

Cuando alguien te hable, préstale toda tu atención. A veces, la gente dice algo, pero quiere decir otra cosa. Si escuchas activamente, podrás descubrir su intención.

Técnicas de escucha activa

- Mantén el contacto visual. Esto no significa que debas mirarlos siempre a los ojos. Puede incomodaros a los dos. Interrumpe el contacto visual cada pocos segundos y mira a otras partes de la cara durante otros pocos segundos, y luego a los ojos de nuevo. Es más fácil de lo que parece y con el tiempo se convertirá en algo natural. Sin embargo, nunca mires hacia abajo. Demuestra que no estás prestando atención.
- Demuéstrales que estás prestando atención asintiendo con la cabeza, sonriendo o diciendo "Ajá" "Sí" o "Entiendo".
- No mires el teléfono ni el reloj. Céntrate en la conversación.
- Presta atención a su lenguaje corporal, tono de voz y expresión facial para saber lo que la persona quiere decir, pero no puede.
- No interrumpas. Eso demuestra a la otra persona que no te importa lo que está diciendo.
- Entiende que a veces tu amigo sólo quiere hablar y desahogarse. No quiere escuchar una opinión. Lo que quiere es el consuelo de ser escuchado. Por eso, en determinadas situaciones, lo mejor es no decir nada y limitarse a escuchar y estar a su lado.
- Cuando la persona haga una pausa, haz preguntas para asegurarte de que la has entendido, como: "¿Querías decir...?".

Comunicación no verbal y lenguaje corporal

La gente suele guardarse muchas cosas en el interior durante una conversación, pero se puede leer en su lenguaje corporal. El lenguaje corporal es la comunicación en la que una persona se expresa sin utilizar palabras. Por eso se llama comunicación no verbal. Incluye el lenguaje corporal, las expresiones faciales, los gestos y el tono de voz. Leer el lenguaje corporal es una gran habilidad para comunicarse mejor con los demás y fortalecer las relaciones.

No hace falta ser una experta para leer el lenguaje corporal. Ciertas señales son universales, como sonreír significa felicidad, fruncir el ceño muestra tristeza, los ojos muy abiertos muestran conmoción o sorpresa, etc. Si conoces bien a alguien, siempre sabrás cuándo su lenguaje corporal no es el adecuado, o cuándo su tono de voz es diferente. Presta atención.

Por ejemplo, estás sentada con tus amigos, hablando de vuestros planes para Navidad. Cada uno dice lo que hará con su familia. Observas que una de tus amigas está sentada en silencio con expresión triste. Sabes que algo no va bien. La llevas aparte y le preguntas qué le pasa. Te cuenta que sus padres se van a divorciar y que su padre se va a mudar. Le das un fuerte abrazo y le ofreces tu apoyo. No habrías podido ayudar a tu amiga si no hubieras prestado atención a su lenguaje corporal.

También puedes captar la comunicación no verbal por teléfono. Por ejemplo, llamas a tu mejor amiga y notas que su tono de voz es diferente. Le preguntas si está bien y te enteras de que está enfadada contigo, pero no sabe cómo decírtelo. Así que habláis y resolvéis la situación.

El lenguaje corporal puede mejorar las relaciones y facilitar la conexión con la gente. Basta con escuchar lo que no dicen.

Cómo ser más empática

Seguro que tu madre o tu padre te han dicho alguna vez que te pongas en el lugar de otra persona. Pero, ¿cómo puedes hacerlo? Ser empática es una gran cualidad que atraerá a la gente hacia ti. Demuestra sensibilidad y comprensión hacia los sentimientos y necesidades de los demás.

Algunas personas nacen empáticas, mientras que otras lo aprenden de sus padres. Por suerte, las chicas son más empáticas que los chicos. Sin embargo, hay cosas que puedes hacer para reforzar esta habilidad.

- Comprende que no todo el mundo es como tú. La gente siente, piensa y se comporta de forma diferente. Siente curiosidad por estas diferencias y comprende sus razones. En lugar de juzgar a alguien, hazle preguntas para entenderle, escúchale activamente y apóyale.
- Las personas comparten muchas similitudes. Encuentra algo en común entre tú y los demás y conecta con ellos.
- Relaciónate con personas de distintos orígenes para conocer sus historias. Haz trabajo voluntario, conoce a tus amigos, a otros

amigos y a sus familias, y lee historias sobre personas de toda condición.

- Cuando conozcas a alguien, piensa en dos o tres cosas que te gusten de él. Además, hazles un cumplido.
- Cuando tu amigo se enfrente a un reto, imagínate en la misma situación. Piensa en cómo te hace sentir y utiliza esas emociones para apoyarles.
- La empatía va en ambas direcciones. Acuérdate de compartir cosas sobre ti con la gente para establecer una conexión auténtica.

Introvertida, ambivalente o extrovertida

Una introvertida obtiene su energía pasando tiempo a solas y prefiere salir con una o dos personas que en grandes grupos. Piensa en una introvertida como si fuera la batería de un móvil. Se agota con la gente y necesita recargarse con tiempo a solas.

Una extrovertida es lo contrario. Se agotan cuando están solos y obtienen su energía estando rodeados de gente. Una ambivalente es alguien que es ambas cosas. Le gustan las situaciones sociales y estar sola.

¿Cuál eres tú? Puedes averiguarlo con este sencillo test.

1. Te invitan a la fiesta de cumpleaños de una amiga, pero ella coge la gripe y la cancela. ¿Cómo te sientes?

   a) Emocionada.

   b) Desanimada.

   c) Desolada.

2. ¿Te gusta hacer proyectos en grupo en la escuela?

   a) No.

   b) No me importan.

   c) Sí.

3. Te pasas toda la semana trabajando en un proyecto de grupo y en un entrenamiento de fútbol. ¿Qué quieres hacer este fin de semana?

   a) Quedarme en casa y recargar pilas.

   b) Salir con mi mejor amiga un día y relajarme el otro.

   c) Pasar todo el fin de semana socializando con mis amigos.

4. ¿Cómo te describen tus amigos?
   a) Una gran oyente.
   b) Tranquila.
   c) Una mariposa social.
5. ¿Qué sientes al pasar un día entero sola?
   a) Perfecta.
   b) Bien.
   c) Pesadilla.

Resultados

Si has respondido (a) a la mayoría de estas preguntas, eres introvertida; si (b), eres ambivalente; y si (c), eres extrovertida.

Ansiedad social y timidez

La ansiedad social te hace temer las interacciones y los acontecimientos sociales. Puede ser tan grave que te estreses constantemente y evites por completo las relaciones sociales. Preocuparse antes de hacer una gran presentación ante la clase es normal. Sin embargo, se trata de ansiedad social cuando estos sentimientos te impiden vivir tu vida. La timidez consiste en sentirse tensa e incómoda con gente desconocida.

Ciertas técnicas pueden reducir el efecto de la ansiedad social y la timidez.

- Lleva un estilo de vida saludable comiendo equilibradamente, bebiendo suficiente agua y durmiendo ocho horas.
- Siempre que te preocupes por algo, pregúntate: "¿Son realistas mis temores?" "¿Y si pasa algo bueno?" "Si las cosas van mal, ¿importará esto dentro de cinco años?" Las respuestas te demostrarán que tu ansiedad sólo está en tu cabeza.
- Recuerda que no conoces el futuro, así que no puedes saber si el desenlace de la situación será malo.
- Practica los ejercicios de respiración que se mencionan en este libro.
- Practica los consejos de comunicación de este libro con las personas con las que te sientas cómoda, como tus hermanos y amigos, si eres tímida. Cuando ganes confianza, entabla conversaciones triviales con nuevos amigos.

- Practica cómo iniciar una conversación delante del espejo o con tus hermanos antes de conocer a gente nueva.
- Antes de entablar una conversación o una llamada telefónica, escribe lo que piensas decir y ensaya frente al espejo. Espera que las cosas puede que no salgan como hayas practicado, ¡pero no pasa nada! Aprenderás de cada situación.

La práctica hace al maestro. Cuanto más practiques las habilidades sociales, mejor lo harás. Aunque parezca que hay muchas instrucciones, no debes preocuparte. Con el tiempo, te acostumbrarás a estas técnicas y se convertirán en algo natural.

Sección 6: Influencia de grupo

A lo largo de la historia antigua, formar parte de un grupo significaba estar protegido y pertenecer a una sociedad que proporcionaba ventajas especiales como miembro. La seguridad frente a los depredadores, los cambios ambientales y los grupos hostiles eran algunas de las muchas ventajas de encajar en un grupo de individuos. Este impulso humano primario de pertenecer a una asamblea de personas con ideas afines no ha remitido.

A medida que creces y navegas por los territorios desconocidos de la edad adulta temprana, es posible que notes algunos cambios que demuestran aún más el concepto anterior. Te parecerá más común y normal querer pasar más tiempo con tus amigos que con tu familia y participar en actividades sociales con gente de tu edad. Querrás estar rodeada de alguien con quien puedas relacionarte fácilmente y que comprenda tus luchas diarias. La gente de tu edad puede darte fácilmente un sentimiento de pertenencia y seguridad. Pueden arrojar algo de luz sobre problemas que quizá pensabas que sólo tú experimentabas.

Los amigos pueden influir mucho en tu comportamiento
https://www.pexels.com/photo/women-hugging-and-smiling-4834142/

Los compañeros de tu círculo social pueden influir en tu comportamiento más de lo que crees. Pero, ¿quiénes son tus iguales?

La forma más sencilla de explicar esta palabra es que son un grupo de individuos jóvenes dentro del mismo grupo de edad que tú. Comparten intereses similares y forman parte de la misma clase social. Estas camarillas o grupos pueden incluir grupos de estudio, equipos deportivos o compañeros con los que compartes actividades extraescolares (animadoras, clubes de teatro, coro, club de baile, etc.). También pueden ser personas que comparten tus ideales y tu formación.

Son personas a las que admiras y consideras vitales para tu estilo de vida y cuyas opiniones te importan. Estas personas pueden actuar a veces como un espejo, proporcionándote retroalimentación e información y ayudándote a encontrar tu individualidad.

Por otro lado, estos grupos también pueden ser una fuente de presión. La presión suele asociarse a emociones negativas, pero no siempre es así. Hay varios tipos de presión de grupo, e identificarlos no es difícil.

¿Qué es la presión de grupo?

La presión de grupo se refiere a la acción por la cual los individuos de un grupo social intentan influir en otros miembros para que participen en actividades o comportamientos a los que podrían resistirse o que normalmente no harían.

Se identifican universalmente unos seis tipos de presión de grupo.

Presión de grupo hablada

El nombre implica el significado. La presión verbal entre iguales se produce cuando alguien te persuade para que hagas algo mediante sugerencias o pidiéndotelo directamente. Esta acción suele incluir restar importancia o exagerar los efectos de la acción. Por ejemplo: "Un cigarrillo no te hará daño. No es que nos estemos convirtiendo en adictos. Sólo estamos probando algo nuevo", o "Tus padres no se darán cuenta de que has salido. Es la fiesta más importante del año. Te arrepentirás el resto de tu vida si te la pierdes".

Si esta presión se ejerce en un entorno individual, puede ser más fácil resistirse confiando en tus observaciones, experiencias e intuición. Sin embargo, si la presión procede de un grupo, resistir el impulso de conformarse resulta más complicado, incluso si la acción va en contra de tus creencias o de tu sentido común. Por ejemplo: "Vamos todos. Todos corremos el mismo riesgo. Te sentirás excluida de la experiencia".

Presión de grupo tácita

Este tipo de presión se basa más en las acciones del grupo que en las instrucciones verbales. No se dirigen directamente a ti para pedirte que te saltes el toque de queda, fumes o faltes a clase. Sin embargo, si formas parte de un grupo acostumbrado a realizar una determinada acción cada dos martes, es probable que te sientas presionada a hacer lo mismo para encajar.

En la adolescencia, el sentido para controlar tus impulsos suele estar desarrollado sólo en un 80%, por lo que no es raro que vayas en contra de tu naturaleza sin sopesar cuidadosamente las consecuencias.

Presión directa de los compañeros

Puede ser verbal o tácita. Suele consistir en que alguien te da a elegir en el acto, te obliga a elegir un camino concreto o te considera grosera, antipática o una intrusa. Por ejemplo, si estás en una fiesta y alguien te da una bebida alcohólica o un porro, aunque no lo hayas pedido, indica una exigencia de tu presencia, no una elección. La presión de no tomar la bebida y ser considerada una paria puede hacer que te desentiendas inmediatamente de tus creencias y puntos de vista.

Presión de grupo indirecta

Al igual que la presión de grupo tácita, este tipo de presión es difícil de detectar. Suele darse en un entorno de personas que realizan un determinado acto con el que no estás de acuerdo. Aunque creas que estás haciendo lo correcto, no participar en la misma acción te hace sentir excluida, aunque nadie te haya pedido que te unas. Por ejemplo, si formas parte de un grupo que intimida a otros, puedes justificar la acción ante ti misma diciendo que mientras se haga para encajar en el grupo más grande, está bien. Las víctimas deberían saber defenderse mejor. Del mismo modo, si estás en una fiesta en la que todo el mundo bebe, te dices a ti misma que todo el mundo se lo está pasando mejor que tú y que sólo te sentirás incluida si te unes a la diversión.

Presión positiva de grupo

Este tipo se da cuando otro individuo o grupo te influye para que realices actividades productivas o inofensivas. Puede emplear los métodos anteriores. Sin embargo, la diferencia está en el resultado. Ayuda a adoptar buenos rasgos populares dentro del grupo y a emprender acciones que benefician al individuo. Por fuera, puede parecer que te estás perdiendo un placer inmediato, pero en realidad, estás aprendiendo y adquiriendo habilidades para mejorar tu salud mental, tus relaciones sociales y tu éxito en general.

Puede motivarte para trabajar duro y concentrarte. No implica avergonzarse o menospreciarse por no rendir en algo o por no querer hacerlo.

Presión negativa

Es lo contrario de la presión positiva. La presión negativa cuestiona constantemente tus ideales y valores. Cuestiona tu código moral: "¿Estoy haciendo lo correcto o soy una persona aburrida a la que le da miedo hacer algo nuevo?". Suele llevarte por una montaña rusa de emociones y desestabiliza tu capacidad mental. Te cuestionas cosas previamente establecidas en tu estilo de vida. Rara vez merece una emoción positiva, y normalmente te quedas con pavor y cuestionándote a ti misma.

Reconocer las señales negativas de la presión de grupo y estar preparada

A veces, no notarás los efectos de la presión de grupo hasta que ya haya empezado. Al principio, te dejas llevar por las perspectivas de ser popular o de pertenecer al grupo de moda antes de notar cambios sutiles en tu comportamiento, que eran demasiado triviales como para prestarles atención.

Ejemplos de presión negativa de grupo

- La necesidad de vestir de una determinada manera o de cambiar de vestuario.
- Justificar hacer trampas o dejar que otros copien tu trabajo.
- Excluir a otros de las actividades porque no encajan en la imagen del grupo o no son lo suficientemente guais.
- Experimentar con drogas y alcohol.
- Promocionar una imagen diferente de ti misma en las redes sociales.
- Aceptar riesgos innecesarios y peligrosos.
- Esforzarte mucho por encajar.
- Compararte con los demás y comprometer tus valores.
- Estás irritable. Dices y haces cosas que no piensas y que normalmente no harías.

Cómo anticiparse a situaciones incómodas

Si sabes que determinados grupos o personas emplean métodos para presionarte y obligarte a hacer algo que de otro modo no harías, prueba estos consejos:

- Visualiza la situación. Piensa en cómo quieres responder. ¿Qué dirías o harías?
- Ten amigos con valores similares. Si te presionan para hacer algo, tener a alguien cerca que te respalde y te aleje de la influencia facilita el proceso.
- Examina tus emociones. Si sientes aprensión por algo, normalmente no está bien. Confía en tu intuición, incluso si sobresales del grupo.

Estrategias para resistir la presión negativa de los compañeros

Una vez que identificas la situación y ya no quieres estar en ella, puede que temas las consecuencias de echarte atrás y cómo te hará quedar esto ante el grupo social. Sin embargo, resistirse a la presión resulta más sencillo con unos sencillos pasos que puedes seguir.

Sé firme

No permitas que te intimiden. Di no y mantente firme. Respalda tu decisión con hechos para que no sigan presionándote. Puedes decir:

- No, gracias. Tengo cosas importantes que hacer.
- Tengo que cuidar a mi hermano.
- No puedo hacer eso. Mis padres siempre se enteran cuando pasa algo.
- No puedo salir contigo si sigues sacando el tema.

También puedes desviar la situación riéndote o simplemente marchándote.

Resistirte al líder

No tienes nada que demostrar a nadie. En las camarillas, suele haber un alfa que lidera la manada. Dirigirte a esa persona directamente y con confianza te ayudará a aliviar la presión del grupo. Habla con el líder cuando esté solo. Los líderes suelen alimentarse de la energía del grupo, por lo que te resultará más difícil exponer tu punto de vista.

Cuando el resto del grupo vea que el líder se desentiende de tu caso, le seguirán.

Señala que te sientes incómoda y que no te gusta que te presionen.

Habla

No es ninguna vergüenza buscar ayuda si no puedes valerte por ti misma. Pedir ayuda a tu sistema de apoyo, ya sean tus padres, profesores o amigos, puede alimentar la confianza en ti misma para mantenerte firme. Saber que alguien te cubre las espaldas limita tu soledad. Sus consejos pueden prepararte para futuros acosos.

Saber lo que te conviene

Confía en ti misma para reconocer lo que es correcto. No eres igual que los demás. Cada persona tiene sus valores y creencias. Eso está bien. No tienes por qué formar parte de un grupo concreto. Es más fácil relacionarse con un abanico más amplio de personas de distintos orígenes. La diversificación puede ayudarte a descubrir valores que no sabías que apreciarías y a vivir encuentros positivos.

Cómo afrontar las amistades tóxicas

Las amistades tóxicas no se limitan a una edad temprana. Es más probable encontrarse con personalidades tóxicas en todos los grupos de edad.

Las personas tóxicas suelen tratarte mal a ti o a los demás, cotillean, son mezquinas o intentan manipularte para salirse con la suya.

Las personas que cotillean suelen ser tóxicas
https://www.pexels.com/photo/two-girls-gossiping-with-one-another-6936406/

Al principio de estas amistades, te parecen personas atractivas, asertivas, encantadoras y seguras de sí mismas. Suelen ser el anzuelo para atraerte.

Dicen tener ciertos valores y luego se contradicen. Te hacen trabajar por su amistad, inculcándote la sensación de que es un privilegio estar en su presencia.

Te aíslan de otras relaciones, reservándote para ellos. A veces, existe un factor "frío-calor". Se muestran cálidos y amables, pero de repente, de la nada, te dan la espalda. Utilizan su carisma para criticarte, haciéndote creer que no eres suficiente.

Sin embargo, esto no significa que sean malos sólo porque una relación se haya torcido o un amigo sea tóxico. Significa que tienen sus luchas y que pueden pasar penurias que tú desconoces. No obstante, eso no significa que tengas que quedarte a su lado y sufrir con ellos sólo porque estén sufriendo. Deséales bienestar y luz y sigue adelante. Tu salud mental es tan importante como la suya.

¿Cómo combatir su influencia?

- Amplía tu círculo. No permitas que te aparten de los demás. Sé firme y haz planes diversos con los demás. Asegúrate de que a tu alrededor hay buenas personas que darán la cara por ti cuando sea necesario. También pueden ayudarte a salir de la relación tóxica sin mucho drama.
- Sé respetuosa sin perjudicar tu bienestar. Establece límites claros con consecuencias si los traspasas. Sé amable sin perderte a ti misma.
- Si no quieres perder la amistad, encuentra las razones por las que la relación funciona mal. Habla clara y directamente a tu amigo de tus preocupaciones y de las cosas que te perjudican. No aceptes actos de desprecio o amenazas (si no haces esto, dejaré de ser tu amigo). Llega a compromisos que funcionen para los dos.
- Llena tu tiempo con actividades que te complazcan. No tienes que esperar a que los demás hagan algo que a ti te gusta. Descubre tus aficiones y muéstrate. Te sorprenderá la cantidad de nuevos amigos que harás y que comparten tus mismos intereses.
- Busca ayuda. Si tu amigo es persistente y no acepta un no por respuesta, pide a un adulto que intervenga o busca ayuda profesional (terapia).
- Recuérdate a ti misma cómo te hace sentir estar cerca de esa persona. No es una buena amistad si estás constantemente estresada e incómoda. Te ayudará a mantenerte firme si intentan manipularte para que sigas con ellos.
- Practica lo que quieres decirles: "No me gusta que me menosprecien y me presionen". "No me gusta cotillear. ¿Podemos hacer X en su lugar?" "¿Puedes explicar lo que quieres decir? No me sentí bien después de nuestra conversación".
- Sabrás cuándo es un caso perdido. No es tu trabajo arreglar a los demás. Puedes echar una mano tanto como estés dispuesta a soportar cuando sea posible. Tienes que dejarte llevar, y ellos

tienen que buscar ayuda si se convierte en una carga para tu mente y tu corazón.

Fomentar amistades positivas

¿Cómo es una amistad positiva?

Normalmente, las amistades positivas son las que te ayudan a superar los momentos difíciles. Es la familia que eliges. Estas amistades te levantan y sacan lo mejor de ti. Son la compañía con la que te sientes más cómoda. Las personas que te elevan y se preocupan por tu bienestar son sinceras en sus emociones y comentarios. Su relación no es vergonzosa y hablar con ellos es fácil. Comparten tus intereses y valores. Incluso cuando no estáis de acuerdo, sigue habiendo espacio para el respeto. No sientes la necesidad de fingir tus intereses u opiniones a su alrededor. Quieren que seas la mejor versión de ti misma.

Entonces, ¿cómo encontrar y mantener estas amistades?

- Muéstrate. Cuanto más te involucres en las actividades extraescolares que te gustan, más probabilidades tendrás de encontrarte con personas afines.
- No tengas miedo de entablar conversaciones serias y sinceras. Las amistades se construyen a base de risas, buenos momentos y retos mentales.
- Piensa en las cualidades que valoras en una amistad. Así te resultará más fácil detectar a quienes las poseen.
- No hay una forma correcta o incorrecta de iniciar una amistad. Mientras congeniéis, compartáis valores similares y seáis sinceros el uno con el otro, hay potencial.
- Sé paciente y no te rindas. Cultivar y encontrar la amistad adecuada puede ser un trabajo duro, pero al final merece la pena.
- Comprométete sin perderte a ti misma. Pregúntate si te parece bien dejar pasar ciertas cosas. ¿Tienen estas acciones un profundo impacto emocional en ti o te hacen sentir incómoda? Si la respuesta es no, hazlo. Si la respuesta es sí, habla con tu amigo sobre una alternativa que funcione para los dos.
- Dar y recibir. Por mucho que recibas, esfuérzate por corresponder. Levántales tanto como ellos te levantan a ti, y

más si es posible. Animaos mutuamente a tomar buenas decisiones y a estar ahí el uno para el otro.
- Aparece en los buenos y en los malos momentos.
- Daros la misma prioridad. Nada mata una amistad como sentirse el segundo o, peor aún, no estar en absoluto en la lista de prioridades.
- Intentad cosas nuevas juntos. Id de viaje, haced muchas fotos, cread recuerdos o subiros a una montaña rusa nueva. Estas experiencias marcan hitos que recordaréis con cariño a medida que vayáis construyendo sobre ellos.
- Haz hincapié en la sinceridad y la verdad. No os guardéis rencor ni os ocultéis sentimientos negativos. No sois lectores de mentes.
- Respeta los límites del otro. Que seáis amigos no significa que podáis imponeros siempre que queráis.
- Los conflictos son normales en cualquier relación, siempre y cuando puedas salir de ellos sin herir a propósito.

Recuerda buscar ayuda cuando sea necesario. No tienes por qué luchar sola. Hay muchas personas y recursos dispuestos a defenderte. No permitas que la presión de grupo te atrape en la ilusión del aislamiento. Padres, profesores, amigos y profesionales están de tu lado y pueden ayudarte a aliviar tus limitaciones.

Sección 7: Gestión inteligente del dinero

La educación financiera es otra habilidad fundamental que debes adquirir en tu transición a la edad adulta. Si empiezas pronto y estableces una base sólida en la gestión del dinero, podrás desarrollar buenos hábitos de gasto y tomar decisiones financieras informadas que te beneficien en el futuro. Esta sección presenta los conceptos de ganar, ahorrar y gastar dinero para ayudarte a iniciar tu viaje de educación financiera. También aprenderás la importancia de la independencia y la autosuficiencia para alcanzar tus objetivos financieros y valerte por ti misma.

La educación financiera es una habilidad fundamental que hay que adquirir antes de la edad adulta

https://unsplash.com/photos/fan-of-100-us-dollar-banknotes-lCPhGxs7pww?utm_content=creditShareLink&utm_medium=referral&utm_source=unsplash

Cómo elaborar y mantener un presupuesto

Un presupuesto es un plan para gastar dinero. Piensa en él como un dinero que puedes gastar, y será más probable que establezcas un presupuesto que puedas mantener a largo plazo. Los elementos fundamentales para crear y mantener un presupuesto son el seguimiento de los ingresos y los gastos, el establecimiento de objetivos financieros y la toma de decisiones de gasto con conocimiento de causa. Estos pasos te ayudarán a priorizar en qué puedes gastar dinero y a ahorrar para el futuro.

Seguimiento de los gastos

Anota todo lo que gastas en 30 días. Puede anotarlo o utilizar una de las muchas aplicaciones útiles diseñadas para realizar un seguimiento de los gastos. Incluye todas las compras, grandes y pequeñas. Transcurridos los 30 días, revisa tus gastos y comprueba cuánto has gastado en artículos concretos. Identifica los grupos y hábitos en los que gastas. Éstas serán las categorías de tu presupuesto.

Anota tus ingresos

Anota todas las fuentes de ingresos, incluidas nóminas, dietas, propinas, regalos, etc. Súmalo todo para determinar tus ingresos y poder establecer un presupuesto realista. Si la cantidad varía, calcula una media y basa tu presupuesto en esta cantidad. Todo lo que esté por encima es un extra que aumentará tu presupuesto o te acercará a un objetivo.

Establece objetivos financieros

Los objetivos financieros son cualquier cosa para la que quieras ahorrar dinero, como unas vacaciones, la matrícula de la universidad, los gastos de un campamento de verano, etc. También puedes proponerte ingresar una determinada cantidad en una cuenta de ahorro mensual. Al igual que para elaborar un presupuesto, la clave está en ser realista sobre lo que puedes conseguir.

Planifica los gastos y toma buenas decisiones de gasto

Crea dos listas separadas, una para los gastos fijos (los mismos todos los meses) y otra para los gastos variables (los que no tienes todos los meses o varían en cantidad). Estos últimos son más difíciles de predecir, por lo que es una buena idea apuntar más alto que la cantidad que crees que será.

La forma más sencilla de crear un plan presupuestario para tus gastos es utilizar el método 20/30/50. Destina el 50% de tus ingresos a gastos fijos, el 30% a diversión y el 20% a imprevistos. Este último porcentaje también puede destinarse a objetivos financieros más amplios o a un fondo de emergencia.

Presupuesto simulado

Supongamos que tienes unos ingresos mensuales de 200 $ (que pueden proceder de un sueldo, una asignación, etc.). Si tienes una cuenta de ahorros, puedes ahorrar otros 5 $ al mes, con lo que tu ingreso mensual total será de 205 $. Calculando tus gastos, tienes que destinar los 205 $ a lo siguiente:

Gastos fijos:
- 30 $ para facturas de teléfono y servicios públicos.
- 30 $ para impuestos (después del sueldo, si trabajas).
- 15 $ para comida.
- 20 $ para gasolina (si vas en coche).
- 10 $ para la cuenta de ahorros.

Gastos variables:
- 50 $ para compras (ropa, productos de higiene, etc.).
- 20 $ para gastos de ocio (películas, pizza, videojuegos, bolos, etc.).
- 10 $ para otras actividades extraescolares (por ejemplo, deportes o cuotas del club de lectura).

Cuando lo sumas todo, llegas a la suma de 185 $, lo que significa que te quedarán 20 $ más. Revisa este presupuesto e intenta aplicarlo a tus ingresos y gastos reales. Por ejemplo, puede que sólo ingreses 150 $ y no tengas cuenta de ahorros, lo que supone un gasto añadido. O puede que tengas gastos más elevados por tus actividades extraescolares. El objetivo es practicar la elaboración de un presupuesto para que puedas empezar a poner en práctica esta habilidad en la vida real.

Principios básicos del ahorro y la inversión

Ahorrar dinero es una de las mejores formas de asegurarte de que estarás preparada para cualquier gasto, previsto o imprevisto. Con sólo destinar entre 5 y 10 dólares de tus ingresos regulares a tus ahorros, la cantidad crecerá de forma constante. No tendrás que preocuparte por tener dinero suficiente en caso de emergencia. Además, ahorrar permite fijarse objetivos a largo plazo, sobre todo si pones el dinero en una cuenta de ahorro. Ganarás intereses, lo que te motivará a destinar aún más dinero a tus ahorros.

Invertir dinero significa destinarlo a algo que te ayude a ganar más dinero. Cuanto antes empieces a invertir, más tiempo tendrás para hacer crecer el capital, es decir, el dinero que invertiste inicialmente. Además de tu capital, el dinero que ganas se llama interés. Puedes invertir en acciones (una acción de una empresa), fondos (una forma de invertir en más de una acción a la vez), bonos (un préstamo a una aseguradora que lo devuelve con intereses) y otros instrumentos. Si quieres invertir siendo adolescente, necesitas que un adulto firme conjuntamente contigo y te ayude a abrir una cuenta de custodia. Ellos gestionarán tu inversión hasta que cumplas 18 años.

Establecer prioridades

Priorizar tus gastos significa saber separar entre tus deseos y tus necesidades
Healthinformatics 1398, CC BY-SA 4.0 <https://creativecommons.org/licenses/by-sa/4.0>, via Wikimedia Commons https://commons.wikimedia.org/wiki/File:Need_and_wants.jpg

Priorizar tus gastos significa saber separar tus deseos de tus necesidades. Lo segundo es algo esencial que necesitas en el día a día, como comida, agua, un techo y ropa. Lo primero es algo sin lo que puedes sobrevivir. A diferencia de lo que ocurre con los deseos, no puedes comprometer tus necesidades. Darles prioridad forma parte de una planificación financiera consciente, como la elaboración de un presupuesto.

Para dar prioridad a tus necesidades sobre tus deseos, debes fijarte objetivos concretos y crear un plan para alcanzarlos. Una vez que tengas un objetivo sobre qué necesidades quieres satisfacer y sepas cómo hacerlo, es hora de poner el plan en marcha.

Tus objetivos pueden ser:

- **A corto plazo:** Puedes alcanzarlos en los próximos 90 días. Por ejemplo, ahorrar 5 dólares a la semana para comprar un regalo para el próximo cumpleaños de un amigo.
- **A medio plazo:** Puedes alcanzarlos en el plazo de un año. Por ejemplo, ahorrar 10 dólares a la semana para comprar un vestido de graduación.
- **A largo plazo:** Se consiguen en más de un año. Por ejemplo, ahorrar más de 1.000 dólares para la universidad.

Servicios bancarios y financieros

Como adolescente, puedes y debes abrir tu propia cuenta bancaria. Sin embargo, debes ir acompañada de uno de tus padres o tutor y presentar un documento de identidad válido. Esta identificación puede ser un certificado de nacimiento, el carné de conducir o un documento de identidad con fotografía, el pasaporte, la tarjeta de identificación fiscal o la tarjeta de la seguridad social. Algunos bancos o instituciones financieras pueden tener otros requisitos, así que asegúrate de que tú y tu padre, madre o tutor comprobáis lo que tenéis que facilitar a la institución. Por ejemplo, algunas te pedirán a ti y a tus padres o tutores una prueba de residencia. Además, tendrás que pagar un depósito mínimo para abrir la cuenta, que suelen abonar los adultos como cotitulares.

Dependiendo de la entidad, tú y el adulto cotitular podéis obtener lo siguiente una vez que la cuenta esté activa:

- Una tarjeta de débito.
- Alertas de compra para que tú y el adulto podáis controlar vuestros gastos.

- Establecer un límite de retirada de dinero en cajeros automáticos.
- Establecer un límite de gastos (ideal para ajustarse a un presupuesto).
- La opción de transferir dinero a una cuenta de ahorros o a otra cuenta.
- Fijación de objetivos financieros a largo plazo.
- Posibilidad de transferir dinero.
- Fijación de objetivos para ahorrar para futuras compras.

Antes de abrir una cuenta nueva, pide a tus padres o tutor que te ayuden a encontrar la más adecuada. Las distintas instituciones financieras y tipos de cuenta tienen diversos requisitos de saldo mínimo, cuotas mensuales de mantenimiento e intereses. El interés sólo se aplica a las cuentas de ahorro. Es la cantidad que te paga el banco por el dinero que tienes en la cuenta. Las cuentas de ahorro sirven para guardar dinero, normalmente para objetivos a largo plazo. En cambio, en una cuenta corriente puede ingresar y retirar dinero con regularidad.

Puede darse el caso de que se produzca un descubierto en tu cuenta, es decir, que gastes más de tu saldo. Debes evitarlo porque significa que debes dinero al banco (el saldo y una comisión por descubierto), otra buena razón para controlar tus hábitos de gasto. Así, evitarás gastar lo que no tienes. Alternativamente, si tienes una cuenta de ahorros y una cuenta corriente, puedes vincularlas. De este modo, si se produce un descubierto, se descontará de tus ahorros.

Uso de tarjetas de débito y cajeros automáticos

Los cajeros automáticos son máquinas que te permiten sacar dinero utilizando una tarjeta de débito. Aunque todos los cajeros funcionan con todas las tarjetas, pagarás una comisión adicional si utilizas uno que no esté dentro de la red de tu banco. Para evitarlo, averigua qué cajeros están dentro de la red de tu banco. La mayoría de las entidades financieras tienen las direcciones de los cajeros de su red en su página web.

Tener una cuenta bancaria en la adolescencia tiene muchas ventajas. Te enseña a presupuestar, ahorrar y desarrollar hábitos inteligentes para ganar dinero desde una edad temprana. Ser responsable de tu cuenta te ayuda a aprender a utilizar una tarjeta de débito, a retirar dinero en cajeros automáticos y a utilizar aplicaciones bancarias.

Tus derechos y responsabilidades como consumidora

Conocer tus derechos y responsabilidades como consumidora es otra faceta de la educación financiera. Implica conceptos como la comprensión de las garantías, las políticas de devolución y la importancia de tomar decisiones de compra con conocimiento de causa.

Ser consumidora significa comprar productos o servicios. Tus derechos como consumidora están protegidos por las leyes que rigen cada compra que hagas en cualquier lugar del país. Te será útil cuando se determine que algo es defectuoso después de haberlo comprado.

Cuando compras algo, como consumidora, tienes derecho a:

- Conseguir productos que sean seguros de usar y que no te hagan daño a ti ni a nadie a tu alrededor cuando los estés usando.
- Conseguir productos que no estén defectuosos y sean de buena calidad.
- Conseguir productos o servicios que puedan utilizarse para el fin previsto.
- Obtener productos o servicios que no sean diferentes de los anunciados por el fabricante o vendedor.

Sin embargo, al igual que tienes derechos como consumidora, también tienes responsabilidades. Entre ellas:

- Conocer la calidad del producto antes de comprarlo. Si lo compras defectuoso, no puedes quejarte después.
- Si compras artículos que se venden "tal cual", debes aceptarlos con sus defectos (si los tienen), lo que se conoce como "Cuidado del comprador".
- No puedes exigir la devolución del dinero ni cambiar los productos o servicios porque te arrepientas de haberlos comprado.
- No puedes exigir la devolución de tu dinero ni cambiar los productos si se han estropeado después de comprarlos.
- No puedes exigir la devolución de tu dinero o el cambio de productos o servicios si los compraste por accidente.

Se trata de normas y reglamentos generales. Los fabricantes y vendedores suelen tener condiciones de compra adicionales para distintos productos y servicios. Algunos hacen excepciones y te permiten devolver productos o servicios a cambio de créditos en la tienda. O, si compras productos y servicios y pagas un depósito (una pequeña cantidad que pagas para asegurar el artículo y que no se venda a nadie más) y más tarde el importe total, puede que te devuelvan este último y pierdas sólo el depósito. Comprueba siempre la política de devoluciones del vendedor, sobre todo si compras algo caro.

Hoy en día hay muchas formas de comprar. Puedes comprar algo en una página web, a través de una app, en persona, por catálogo, etc. Sin embargo, debido a esta gran cantidad de opciones, pagar por los artículos puede ser confuso y, por desgracia, a veces no obtendrás lo que has pagado. Por eso, conocer tus derechos y responsabilidades como consumidora es beneficioso y te garantiza que obtendrás aquello por lo que pagas, y no tendrás que conformarte con artículos y servicios que no puedes utilizar.

Creación de un fondo de emergencia

Los fondos de emergencia son dinero al que puedes acceder cuando te surgen gastos imprevistos en situaciones de urgencia. Te ayudan a evitar situaciones incómodas como sacar dinero de los ahorros o pedir un préstamo a un amigo o familiar.

Los fondos de emergencia se utilizan para situaciones imprevistas
https://unsplash.com/photos/girl-wearing-black-sweatshirt-playing-toy-car-flVuw7nbzmM?utm_content=creditShareLink&utm_medium=referral&utm_source=unsplash

La creación de un fondo de emergencia empieza por determinar cuánto dinero quieres ahorrar. A continuación, se crea un plan sobre cómo reunir esa suma. Estos son algunos consejos para crear un fondo de emergencia que cubra gastos imprevistos o emergencias y logres estar preparada financieramente para cualquier situación.

Determina cuánto quieres ahorrar

Empezar con un objetivo pequeño es lo mejor para aprender a crear un fondo de emergencia. Un buen objetivo sería reunir fondos equivalentes a lo que gastas en artículos fijos y esenciales en tres meses. Puede incluir alimentos, medicinas, gastos escolares, teléfono, coche, etc. Una vez que le cojas el truco, puedes aumentar la cantidad.

Incorpora los ahorros a tu presupuesto

Ahora que ya tienes un objetivo, incorpora los ahorros del fondo de emergencia a tu presupuesto. Ve cuánto puedes destinar a este objetivo. Puede que tengas que recortar gastos no esenciales. Dependiendo del resto de tus gastos, puede que empieces con una cantidad menor de la que esperabas inicialmente. Lo que importa es que has empezado a reunir un fondo que te ayudará en situaciones peliagudas una vez que lo hayas completado.

Automatiza tus ahorros

Si te cuesta saber si estás destinando lo suficiente a tu fondo de emergencia, automatiza tus ahorros haciendo que vayan directamente a una cuenta de ahorro. Configura una transferencia automática de parte de tus ingresos regulares o pide a tus padres o tutores (el cotitular de tu cuenta bancaria) que lo hagan por ti. De este modo, el dinero irá directamente a la cuenta de ahorro y no tendrás que preocuparte de gastarlo accidentalmente.

Busque adiciones complementarias al fondo de emergencia

Puedes identificar dónde ahorrar una cantidad adicional para el fondo de emergencia haciendo un seguimiento de tus gastos. Mira tus extractos bancarios o tu aplicación bancaria para ver dónde puedes recortar tus hábitos de gasto. Incluso si puedes reducir tus gastos en unos pocos dólares al mes, puedes destinarlos al fondo de emergencia. Además, considera otras ocasiones en las que puedes añadir dinero extra a este fondo. Por ejemplo, en lugar de gastar el dinero de tu cumpleaños en ropa, guárdalo para un día lluvioso. Si planificas bien, conseguirás ahorrar rápidamente para emergencias.

Comparación de precios

Antes de pagar por un artículo que has encontrado en una tienda, comprueba si puedes encontrarlo más barato en otra. La forma más sencilla es utilizar una aplicación que te muestre el mejor precio a partir de una gran base de datos de artículos. Estas aplicaciones son gratuitas. Utilizarlas te ayuda a ahorrar dinero y te asegura que te ciñes a los artículos de tu lista de la compra. Al fin y al cabo, si decides conscientemente comprobar los precios, también eres consciente de gastar sólo lo que necesitas. A continuación, te damos algunos consejos más sobre cómo comparar precios.

Utiliza ayudas visuales

Si te cuesta comparar dos artículos de distintos fabricantes en la misma tienda, ponlos uno al lado del otro. ¿Contiene uno más productos, o es más barato comprarlo en un paquete? Si es así, y cuestan lo mismo o casi lo mismo, deberías comprar el que te ofrezca más productos por tu dinero. Por ejemplo, si puedes tener tres paquetes de galletas por 4 $ y cinco paquetes por 4,30 $, deberías decantarte por la segunda opción.

Mira las valoraciones o reseñas

Si vas a comprar por Internet, consulta las reseñas y valoraciones de los artículos que piensas comprar. Te harán detenerte, reconsiderar la compra y evitarán que compres por impulso (lo que dificulta ceñirse a un presupuesto). Mira diferentes productos para ver cuál tiene mejores valoraciones. Lee atentamente todas las reseñas. ¿Hay algún producto que tenga mejores valoraciones y opiniones que el otro? Si es así, cómpralo. Si ninguno de los dos tiene una buena cantidad de críticas favorables, no los compres.

Hazlo interesante

Cuando aprendas a comparar precios, no empieces con artículos que no quieras comprar o que tengan diferencias de precio muy pequeñas. En su lugar, compara artículos que desees comprar. Pueden ser distintos envases de tus postres favoritos. O una mochila que llevas años soñando comprar. Por ejemplo, ves una mochila más pequeña por casi el mismo importe que la más grande. ¿Cuál es la mejor opción? Si comparar precios resulta interesante, es más fácil centrarse en calcular la diferencia y tomar una decisión con conocimiento de causa.

Sección 8: La seguridad es lo primero

Esta sección se centra en la seguridad personal en diferentes contextos y situaciones. Además de concienciar sobre la seguridad personal y explicar cómo desarrollar valiosas habilidades relacionadas con la seguridad, también ofrece consejos para crear un entorno seguro en distintas comunidades.

Las adolescentes deben saber cómo mantenerse a salvo en cualquier situación
https://unsplash.com/photos/woman-looking-at-phone-beside-body-of-water-QofjUnxv9LY

Prácticas de seguridad personal

Sé consciente de lo que te rodea

Tanto si sales con amigos como si vuelves a casa andando desde el colegio, siempre debes tener un plan de seguridad. Empieza por ser más consciente de tu entorno, como familiarizarte con el área inmediata y prestar atención a lo que ocurre a tu alrededor. Conocer tu entorno es el primer paso de la autodefensa, porque te permite advertir el peligro antes de que te alcance. Evita caminar con los auriculares puestos y utilizar el teléfono porque te distrae de advertir situaciones y personas potencialmente peligrosas.

Confía en tus instintos

¿Has oído alguna vez la frase "confía en tu instinto"? Significa confiar en lo primero que sientes en una situación. Probablemente lo estés haciendo si estás en un lugar desconocido y de repente notas que te pones ansiosa y sientes que estás en peligro. Tus instintos te están diciendo que busques seguridad. Aprende a confiar en ellos poniéndolos a prueba en distintas situaciones.

Comparte tu ubicación

Compartir tu ubicación puede permitir que la gente te localice en caso de emergencia
https://www.pexels.com/photo/person-using-google-maps-application-through-black-android-smartphone-35969/

Aunque no se recomienda utilizar el teléfono en situaciones potencialmente peligrosas, puedes aprovechar su función para compartir la ubicación. Si te encuentras en circunstancias inseguras, envía un mensaje con tu ubicación a uno de tus contactos (preferiblemente a alguien que pueda conseguirte ayuda inmediatamente).

Evita situaciones potencialmente peligrosas

La mejor manera de mantenerse a salvo es evitar por completo las situaciones peligrosas. Estos son algunos consejos:

- Nunca salgas sola por la noche. Acompáñate siempre de tus amigos.
- Di a tus padres dónde estás y con quién pasas el tiempo (es molesto, pero puede salvarte la vida).
- Avisa a tus padres si cambias de planes allá donde vayas o si vas a llegar a casa más tarde de lo previsto.
- No vayas a ningún sitio sin cargar antes el móvil. Nunca se sabe cuándo necesitarás hacer una llamada de emergencia.
- Lleva contigo un cargador de batería portátil.
- Camina por zonas bien iluminadas por la noche y evita los lugares poco frecuentados durante el día.
- No bebas ni consumas drogas, ni te subas a un coche con alguien que lo haga.
- No te subas a un coche con desconocidos o con alguien con quien te sientas incómoda.
- Si tus amigos tienen un comportamiento con el que te sientes incómoda, utiliza a tus padres como excusa para marcharte.
- Consigue una alarma de llavero para alertar a la gente de los alrededores de que estás en peligro.
- Lleva contigo una linterna pequeña o utiliza la función de linterna de tu teléfono.

Cuestiones de seguridad en el hogar

Uno de los hitos más importantes en la vida de todo adolescente es cuando sus padres le dejan quedarse solo en casa. Sin embargo, cuando llegue ese momento, debes velar por tu seguridad. Sigue estos pasos:

1. Cierra las puertas y mantenlas cerradas. Los intrusos pueden entrar a cualquier hora del día, incluso cuando estás despierta. Sin embargo, no encadenes ni cierres las puertas exteriores para que puedan entrar tus padres.

2. Cierra bien las ventanas, sobre todo las del primer piso o las que sean accesibles por otros medios.
3. A continuación, comprueba si todos los aparatos que deberían estar apagados lo están, sobre todo los que hayas utilizado recientemente.
4. Mantén a tu lado un teléfono móvil completamente cargado, o quédate cerca del teléfono fijo. Deberías tener memorizados los números de los servicios de emergencia locales.
5. Ten cerca una linterna y pilas.
6. No publiques nada en las redes sociales si estás sola en casa (sobre todo, no compartas que estás sola).

Consejos de seguridad para actividades al aire libre

Para que las chicas disfruten de su tiempo al aire libre, deben tomar ciertas precauciones por su propia seguridad

https://unsplash.com/photos/two-women-walking-on-pebbles-9PIfZHcnrjQ

Tanto si forma parte de un programa escolar como de una actividad deportiva, o si lo haces por diversión, pasar tiempo al aire libre tiene muchos beneficios. Aun así, es buena idea evitar los peligros ocultos durante las actividades al aire libre. Estos son algunos consejos de seguridad:

- Evita acercarte a los coches aparcados. Si debes cruzar zonas muy frecuentadas, dirígete siempre en la dirección del tráfico en curso. Los conductores te verán y podrás pedir ayuda si la necesitas.
- En lugar de contar con que los conductores se detengan, cede siempre el paso a los vehículos. Siempre es mejor ir sobre seguro, especialmente en las intersecciones con mucho tráfico.
- Sé siempre consciente de quién está delante y detrás de ti. Esto no es sólo por tu seguridad, sino también por la de ellos. Por ejemplo, si vas de excursión con un grupo y de repente notas que la persona que va detrás de ti desaparece, puedes alertar a los que van delante.
- Lleva siempre contigo una identificación y un teléfono durante tus actividades.
- Si es posible, sal de aventura al aire libre sólo durante el día. Si acampas de noche, lleva ropa reflectante.
- Ve sólo a lugares conocidos y adecuados para tu actividad.
- Vístete en función de las condiciones meteorológicas. En los días calurosos, lleva sombrero y ropa de colores claros. En los días fríos, usa ropa que absorba el sudor y guantes y gorros de invierno.
- Lleva calzado adecuado para la actividad. Asegúrate de que se ajustan bien y de que ofrecen una buena sujeción en los puntos adecuados.
- Emprende sólo actividades para las que te sientas físicamente apta y ajusta la velocidad de movimiento a tus capacidades.
- Estira y calienta antes de realizar actividades enérgicas.
- Evita las actividades al aire libre si estás lesionada o sientes un dolor intenso. Además de agravar tu estado, podría hacerte vulnerable a los agresores.

Consejos generales de seguridad física

Además de los enumerados anteriormente, estos son algunos consejos adicionales sobre seguridad física:

- No te acerques, hables ni interactúes con desconocidos, sobre todo si parecen sospechosos.

- Evita hacer autostop. Sube al coche sólo con personas conocidas. Incluso entonces, comprueba que las puertas permanecen cerradas.
- Si estás con alguien cuyo comportamiento te incomoda, ten a mano el teléfono para pedir ayuda. Saca un número del servicio de emergencias o uno de tus contactos de emergencia.
- Si te sientes insegura en cualquier lugar, llama a tus padres o a otro adulto en quien confíes y describe en voz alta dónde estás, quién está a tu alrededor y tu situación actual.
- Si te sientes insegura y estás sola, finge que hay alguien más en la zona llamándole para engañar a posibles atacantes y hacerles creer que no estás sola.
- Si alguien intenta agarrarte y meterte en un edificio o vehículo, haz todo lo posible por resistirte o huir.
- No aceptes regalos de desconocidos ni creas sus excusas para meterte en su casa o vehículo. Por ejemplo, pueden ofrecerte dinero o invitarte a ver a su mascota.

Las técnicas de defensa personal deberían ser una prioridad para todas las adolescentes
Image by svklimkin from Pixabay https://pixabay.com/photos/karate-sunset-fight-sports-2578819/

Técnicas de defensa personal

Aprender técnicas básicas de defensa personal es otra buena forma de defenderse de posibles agresores. Como verás a continuación, la defensa personal no consiste sólo en defenderse físicamente.

Empieza con el comportamiento y el lenguaje corporal adecuados

Caminar con la cabeza alta tiene varias ventajas. Te ayuda a ser más consciente y a parecer más segura de ti misma. No te encorves ni arrastres los pies. Camina recto y mantén las manos a tu lado en lugar de en los bolsillos para no parecer un blanco fácil.

Controla la distancia

Controlar la distancia con tu agresor es la mejor manera de permanecer ilesa:

1. Intenta mantener una distancia estable entre tú y el agresor siempre que sea posible.
2. Ten al menos un objeto entre vosotros, mantente fuera de la distancia de alcance y sujeta los brazos delante de ti si necesitas defenderte.
3. Sigue moviéndote, pero sólo empieza a defenderte cuando sea necesario.
4. Deja de intentar alejarte si tu agresor está lo bastante cerca como para golpearte. En lugar de eso, acércate lo más posible a su cuerpo. Así le resultará más difícil golpearte.
5. Cuando intenten maniobrar a tu alrededor, busca señales de que están perdiendo el equilibrio. Por ejemplo, si se para sobre una pierna o se inclina en una dirección. Intenta ponerles la zancadilla en cuanto te des cuenta.
6. Una vez que les hayas puesto la zancadilla y caigan al suelo, corre.

Adoptar una postura de lucha

Adoptar una buena postura de lucha es la siguiente mejor opción si no puedes tropezar o alejarte del atacante.

Para tener una buena postura de lucha, debes encontrar el equilibrio y tener un plan para protegerte:

1. Mantén la cabeza erguida para no perder de vista al atacante.
2. Colócate con los pies separados a la altura de los hombros, un pie detrás del otro, mirando al atacante.
3. La parte delantera de las caderas debe mirar al atacante.
4. Dobla ligeramente las rodillas y desplaza el peso hacia las puntas de los pies para poder moverte con rapidez.
5. Levanta las manos para protegerte la cara.

6. Mantén los codos a los lados para proteger las costillas y los órganos internos.
7. Muévete para dificultar que el atacante te golpee.

Romper los agarres

Agarrar y usar un apretón fuerte para controlarlas es una forma común en que los atacantes dominan a las chicas. Afortunadamente, hay formas de liberarse de los agarres. La clave es exponer y rastrear la parte más débil de su agarre.

Instrucciones:

1. Muévete para dificultar que el atacante mantenga su agarre sobre ti.
2. Una vez debilitado su agarre, utiliza las dos manos para intentar romperlo.
3. Intenta quitarle o golpearle los dedos, ya que son los puntos más débiles.
4. Continúa empujando y tirando con todo tu cuerpo para aflojar su agarre hasta que puedas liberarte.

Cómo reconocer las señales de relaciones malsanas o abusivas

Reconocer que estás en una relación tóxica puede ser incluso más difícil para los adolescentes que para los adultos. Éstas son las señales que debes buscar:

- **Maltrato físico y verbal:** Si la otra persona te menosprecia, te insulta, te amenaza con hacerte daño a ti o a sí misma, o incluso te hiere físicamente, es señal inequívoca de que la relación no es sana.
- **Compromiso rápido:** Si tú o la otra persona os apresuráis a decir que nunca os iréis o que no podéis vivir el uno sin el otro, también son señales de alarma.
- **Altibajos extremos:** Algo va mal si eres extremadamente feliz o infeliz durante la relación.
- **Aislamiento:** Si notas que has dejado de salir con tus amigos y familiares y descuidas tus aficiones para complacer a la otra persona (te lo haya pedido o no), es probable que estés en una relación poco sana.

Establecer límites en las relaciones

Si te sientes incómoda o insegura cerca de alguien, pon distancia entre vosotros. Puede parecer de mala educación, pero siempre es mejor hacerlo y protegerse que dudar y salir herida. Independientemente del tiempo que conozcas a alguien y de tu relación con él, siempre debe haber límites entre vosotros. Explica claramente con qué te sientes cómoda y qué comportamiento no vas a tolerar. Si no respetan tus límites, distánciate de ellos todo lo posible.

Preparación ante emergencias

Estar preparada para las emergencias es otra forma de mantenerte segura. Por ejemplo, debes saber llamar a los servicios de emergencia cuando:

- Alguien pierde el conocimiento después de beber demasiado o de sufrir un accidente.
- Alguien se siente mareado, con náuseas y desorientado después de un accidente o de comer o beber algo.
- Alguien empieza a atragantarse, tiene un ataque o tiene problemas para respirar debido a una enfermedad como el asma o las alergias.
- Te percatas de un incendio o de un delito, como el atraco a alguien.
- Sufres o ves un accidente de cualquier tipo.

Cuando llames a los servicios de emergencia, prepárate para explicar lo que ha ocurrido, dónde estás o dónde vives, quién está contigo y quién necesita ayuda. Mantén la calma y habla despacio para que los operadores puedan entenderte.

Si alguien está herido, no lo muevas ni intentes limpiarle las heridas. Si sangra, presiona las heridas si es posible. Si está en un lugar inseguro, no te acerques para no ponerte en peligro.

Si estás cerca de alguien que toma medicamentos (o tú tomas medicamentos), tenlos siempre a mano (junto con la información del seguro).

Aquí tienes algunos consejos sobre qué hacer en caso de catástrofes naturales:

- **Tormentas fuertes:** Quédate en casa y evita utilizar o permanecer cerca de enchufes eléctricos o agua corriente, ya que conducen la electricidad.
- **Tornados:** Cuando estés dentro, ve al nivel más bajo del edificio y mantente alejada de puertas, ventanas y paredes. Si estás fuera, aléjate de los edificios, busca una zona baja para tumbarte y protégete la cabeza con las manos.
- **Terremotos:** Identifica los lugares más seguros de cada habitación (lejos de cualquier cosa que pueda caerse, como en el caso de los tornados). Cuando empiecen los temblores, túmbate, cúbrete la cabeza y agárrate a algo.
- **Huracanes:** Aléjate de puertas y ventanas de cristal y busca refugio en la zona más baja de la casa.
- **Inundaciones:** Evita las zonas con al menos 15 centímetros de agua. La corriente de agua puede derribarte, y no verás los objetos punzantes que el agua pueda arrastrar, por no hablar de las bacterias y otros microbios que podrían ponerte muy enferma.

Elaborar un plan de seguridad

Para no estar desprevenida, cuenta con un plan de seguridad para emergencias.

Algunos consejos generales son:

- **Averigua cómo mantenerte conectada con tu familia:** En una emergencia grave, los teléfonos móviles no funcionarán, así que debes encontrar otra forma de mantenerte en contacto si no estás con ellos. Por ejemplo, puedes tener un área designada donde todos puedan reunirse de forma segura después de que ocurra el desastre.
- **Aprender habilidades básicas de emergencia:** Si no tienes adultos cerca durante una catástrofe, sólo puedes confiar en ti misma para mantenerte a salvo o salvarte de algún daño. Aprender a utilizar un extintor, aplicar primeros auxilios o saber cómo desplazarse sin medios de transporte son algunas de las habilidades de emergencia más recomendables.

¿Sabes qué más es útil para ejecutar tu plan de emergencia? Un kit de emergencia. Aquí te explicamos cómo preparar un kit para cualquier emergencia, grande o pequeña:

1. Busca una bolsa lo bastante grande para que quepan todos los suministros. Cuantos más compartimentos, mejor. Sin embargo, la bolsa no debe ser demasiado pesada.
2. Hazte también con algunos estuches más pequeños, como neceseres de maquillaje con cremallera para organizar lo que metas en la bolsa más grande. Etiquétalos para poder encontrarlo todo en caso de emergencia.
3. En primer lugar, mete dinero de emergencia en la bolsa. El cambio es lo mejor porque puedes utilizarlo para un teléfono público (en caso de que los móviles no funcionen). Colócalo en un bolsillo con cremallera para mayor seguridad.
4. Si tomas medicamentos, éstos van a continuación. Mete en la maleta epinefrina si tienes alergias graves. Las gotas para los ojos y un botiquín de primeros auxilios también te serán útiles. Guarda los medicamentos en un bolsillo aparte.
5. Si vas a preparar tu botiquín, incluye adhesivos, pinzas, toallitas antisépticas y desinfectantes de manos, pañuelos de papel, analgésicos, pastillas para la tos y para la garganta.
6. No olvides los productos para la regla. Lleva muchos de tus productos preferidos y un par extra de ropa interior.
7. Lleva agua y algunos tentempiés (alimentos no perecederos envasados). Piensa en frutos secos, barritas de cereales, galletas, etc.
8. Si usas lentillas o gafas, es una buena idea meter un par extra en tu kit de emergencia por si pierdes las otras. No olvides incluir una solución limpiadora para las lentillas.
9. En una bolsa con cierre, prepara una muda de ropa, que incluya pantalones, una camiseta, sujetador y calcetines.
10. A continuación, los artículos de aseo de viaje. Aunque de pequeño tamaño, pueden ser un salvavidas en caso de emergencia. No sólo te ayudarán a refrescarte, sino que mantenerte limpia es también una forma excelente de prevenir infecciones y otras enfermedades.
11. Un pequeño kit de costura también puede ser útil si necesitas reparar tu ropa o la de otra persona.
12. Asegúrate de meter en la bolsa papel, un bolígrafo y unos cuantos clips. Puede que necesites anotar algo.

13. Por último, es buena idea meter en la bolsa un segundo cargador de teléfono por si pierdes el otro mientras te desplazas durante una emergencia o catástrofe.

Creación de espacios seguros

Además de mantenerte segura por tu cuenta, también puedes crear espacios seguros para otras dentro de tu escuela, en línea o en otras comunidades. Aunque sólo sea un club de chicas, puede servir para apoyarse mutuamente porque todas las chicas tienen derecho a sentirse seguras en cualquier lugar y en todas partes. Habla con tus amigas sobre las preocupaciones de cada una en lo que respecta a expresarse e idead un plan para resolver estos problemas. Tanto si estos problemas se refieren a la seguridad en línea como al entorno escolar, concentra tus esfuerzos en aquello en lo que más puedas ayudar.

Un grupo de chicas puede ayudar a que todas se sientan seguras, por no mencionar que es una forma estupenda de socializar. Podéis compartir vuestras experiencias y ayudaros mutuamente con recursos sobre salud femenina y otros temas. La idea es crear un espacio en el que todas puedan hablar de cualquier cosa sin ser juzgadas. Puedes crear un grupo que realice una actividad conjunta que guste a todo el mundo. Nada ayuda más a expresarse que participar con amigas con problemas similares en una actividad divertida.

Un espacio seguro para las chicas fomenta sus habilidades sociales. Aunque algunas no se sientan demasiado seguras en situaciones sociales, saber que serán comprendidas las animará a salir de su caparazón. Si alguien lucha contra un trastorno de salud mental, un trastorno alimentario u otra afección, crear un espacio seguro para compartir sus preocupaciones puede ayudarle a superar sus problemas. Se adquiere una gama más amplia de habilidades sociales al hablar entre una misma en cualquier plataforma o canal que se elija para comunicarse. Éstas son sólo algunas sugerencias para crear un espacio seguro para las chicas. Siéntete libre de defender tus temas.

Sección 9: Habilidades prácticas para la independencia

En esta sección se describen todas las habilidades prácticas necesarias para prosperar como persona autosuficiente y segura de sí misma. Aprenderás la importancia de dominar la cocina y la gestión de la casa, los primeros auxilios, el trabajo y la navegación. Son necesarias para una transición fluida a la edad adulta independiente.

Conocimientos básicos de cocina y nutrición

Cocinar es una habilidad fundamental para llevar una vida independiente y autosuficiente. Si aprendes a cocinar tus comidas, podrás ahorrar dinero y comer más sano. Aprenderás nociones básicas de nutrición y qué ingredientes utilizar para crear comidas equilibradas.

Hacer la compra

Una lista de la compra puede ayudarte a reconocer lo que necesitas comprar
https://unsplash.com/photos/a-notepad-with-a-green-pen-sitting-on-top-of-it-C4FbCe4L_pw?utm_content=creditShareLink&utm_medium=referral&utm_source=unsplash

Todo viaje culinario empieza con la compra. Haz siempre una lista de los productos que vas a comprar para varias comidas o varios días. De este modo, no tendrá que hacer demasiados viajes ni comprar demasiados o muy pocos productos a la vez.

Habilidades básicas con el cuchillo y las medidas

Pide a un adulto que te explique para qué sirven los distintos cuchillos y cómo utilizarlos correctamente. Los más grandes pueden asustar al manejarlos, pero con la práctica te resultará mucho más fácil cocinar.

Familiarízate con las diferentes tazas y cucharas medidoras y practica la medición de ingredientes secos y líquidos.

Utilizar los electrodomésticos de cocina

Saber utilizar una olla de cocción lenta, un microondas o una olla instantánea puede ser útil cuando se trabaja o se estudia y no se dispone de mucho tiempo para pasar en la cocina.

Leer, seguir y modificar recetas

Hazte preguntas cuando leas las recetas. ¿Qué ingredientes necesitas? ¿Qué cantidad de cada uno? ¿En qué orden utilizarlos? Si es necesario, lee la receta varias veces hasta que tengas respuestas a tus preguntas. Una vez que sepas seguir las instrucciones, puedes empezar a experimentar recortando y duplicando recetas. Duplicar te ayudará a hacer grandes lotes para congelarlos más tarde. A diferencia de las versiones precocinadas, las comidas caseras congeladas sólo contienen ingredientes buenos, sin aditivos poco saludables como conservantes, colorantes alimentarios y potenciadores del sabor.

Preparación

Preparar todo lo necesario para cocinar un plato facilitará el proceso. Lee la receta para ver qué necesitas, reúnelo todo y sólo entonces empieza a cocinar. De este modo, no tendrás que detenerte innumerables veces para buscar los ingredientes o los utensilios.

Preparar tentempiés saludables

La forma más fácil de preparar tentempiés saludables es combinar frutos secos y crear tu propia mezcla de frutos secos. También puedes preparar granola combinando copos de avena secos con frutos secos, dátiles picados y suficiente líquido para que todo se pegue. Colócalo en una superficie plana y métolo en la nevera toda la noche, y tendrás un tentempié nutritivo.

Preparar ensaladas y sopas

Las ensaladas son una de las comidas más sanas y fáciles de preparar. Puedes experimentar con diferentes ingredientes, incluyendo verduras, frutas, proteínas y carbohidratos. ¿Has probado alguna vez a hacer picatostes caseros? Corta el pan en trozos, condiméntalo con aceite y hierbas y tuéstalo en el horno hasta que los picatostes estén listos.

Las sopas son igual de sencillas de preparar y llenan bastante. Empieza con una receta de sopa a base de nata o caldo, en la que sólo tienes que añadir los demás ingredientes a una base y cocinar hasta que esté hecha.

Preparar comidas en una sola cazuela y guisos

Las comidas en una sola olla y los guisos son las formas más fáciles de crear comidas nutritivas y sustanciosas. Basta con aprender algunas recetas básicas de estos platos para saber qué ingredientes poner en la bandeja o echar en la olla.

Cocinar carne y huevos

Busca recetas de carne picada. Es una forma estupenda de practicar cocinando carne. Puedes hacer pastel de carne, hamburguesas o lo que quieras.

También deberías aprender a freír en la sartén, asar y cocinar a la parrilla y carnes para el desayuno. Aprender a revolver, hervir, freír y escalfar huevos o hacer una tortilla te dará aún más opciones para el desayuno y te ahorrará dinero a la hora de desayunar en un sitio de comida rápida.

Cocinar verduras

Las verduras están llenas de macronutrientes saludables y se pueden preparar de muchas maneras. Asarlas es el método más sencillo, pero hervirlas es igualmente práctico. Practica cómo determinar cuándo están tiernas.

Gestión del tiempo y almacenamiento

Saber cuándo empezar a preparar y elaborar los distintos elementos de una receta es fundamental para tener éxito en la cocina. Practica cuándo añadir los ingredientes a la comida para cocinarlos adecuadamente y gestionar tu tiempo de forma eficiente.

Si cocinas grandes cantidades, divide las sobras en porciones y congélalas. Ten en cuenta el tamaño de las porciones en función de lo que comes normalmente (si cocinas para otra persona, ten en cuenta sus porciones) y mídelas en recipientes separados.

Gestión doméstica

Con todo lo que tienes encima, limpiar y mantener el hogar puede ser lo último en lo que pienses. Sin embargo, organizar tu espacio te ayuda a ser más productiva y a perder menos tiempo y dinero. Es una habilidad esencial para establecer tu independencia en el futuro. A continuación, te damos algunos consejos para crear y mantener un espacio vital limpio y funcional:

Convierte la limpieza, el orden y el despeje en un hábito habitual

Las sesiones regulares de limpieza, orden y despeje te ayudarán a evitar que el desorden y la suciedad se acumulen y te harán ver estas actividades como una tarea menos pesada. ¿No preferirías dedicar entre 10 y 15 minutos diarios a hacerlas que lidiar con el desorden durante horas después de que todo se haya amontonado durante semanas? Programa recordatorios en tu teléfono para limpiar a una hora conveniente. Por ejemplo, si eres una persona madrugadora, lo más fácil será hacerlo después de levantarte. Los noctámbulos seguramente preferirán ordenar por la noche. Programa un temporizador para saber cuándo debes parar. Con el tiempo, se convertirá en un hábito y ya no necesitarás recordatorios ni temporizadores.

Si te cuesta empezar, aquí tienes un horario diario y semanal para inspirarte:

Tareas diarias:
- Poner la ropa sucia en el cesto de la ropa sucia.
- Limpiar los platos y vasos sucios.
- Guardar la ropa limpia.
- Hacer las camas y ordenar los espacios.
- Limpiar el suelo.
- Guardar el maquillaje y el material de manualidades.
- Organizar la mochila y el material escolar.

Tareas semanales:
- Ordenar escritorios.
- Limpiar el polvo y aspirar.
- Cambiar la ropa de cama.

- Vaciar los cestos de la ropa sucia.
- Lavar la ropa.

Hazlo divertido

Es difícil adquirir el hábito de limpiar, despejar y ordenar con regularidad si las consideras tareas aburridas que debes realizar. Poner algo de música puede convertirlo en una experiencia divertida, pero ten cuidado de no distraerte. Te sorprenderán los resultados.

Encuentra medios de almacenamiento eficientes

Los sistemas de almacenamiento eficientes harán que limpiar y mantener el orden sea más fácil y rápido. Puedes empezar a practicar organizando tu habitación. Elige la solución que más te convenga. Por ejemplo, si prefieres colocar las cosas en su sitio rápidamente, necesitarás recipientes más grandes. En cambio, si te gusta clasificar tus pertenencias en distintas categorías, utiliza contenedores pequeños y otras soluciones de almacenaje con separadores. Etiquétalo todo con claridad y colócalo en zonas de fácil acceso. Más adelante, también puedes poner en práctica las mismas tácticas para organizar el cuarto de baño y otras zonas de la casa.

Manipulación de la colada

Los cestos para la ropa sucia son esenciales en cualquier habitación. En lugar de tropezar con la ropa sucia tirada por el suelo o de ordenar la ropa colgada sobre las sillas, puedes "esconderla" de forma segura en un cesto para la ropa sucia escondido en un rincón de la habitación. Tirar la ropa en ellos es tan fácil como hacerlo en el suelo, pero el espacio parecerá mucho más ordenado. Además de los cestos de cada habitación, toda casa debería tener un cesto principal en el cuarto de la colada. Acostúmbrate a vaciar regularmente los más pequeños en el principal. Cuando éste se llene, lava la ropa. No olvides clasificarla antes de lavarla, ya que no toda la ropa puede lavarse a la misma temperatura.

Cubos de basura

Las mismas reglas del cesto de la ropa sucia se aplican a los cubos de la basura. Ten uno pequeño en cada habitación y vacíalo con regularidad. Sacar la basura ayuda a prevenir problemas de plagas (los insectos y bichos suelen sentirse atraídos por el olor).

Maximiza el almacenamiento

Utilizar zonas de almacenamiento ocultas y espacio vertical son excelentes formas de crear más espacio de almacenamiento en cada habitación. Por ejemplo, puedes tener cajones (incluso de plástico, sobre todo para los que tienen un presupuesto ajustado) debajo de las camas, fregaderos, mesas, etc. Los espacios de almacenamiento verticales son prácticos para puertas, armarios, paredes de cocina y zonas similares. Te sorprendería saber cuánto espacio extra puedes crear pegando unas cuantas clavijas y ganchos en una puerta o pared. Puedes colgar muchos objetos para que no queden tirados por el suelo.

Mantén limpias todas las superficies

Mantener el suelo limpio es una obviedad. Si alguien se cae a causa de un líquido derramado o un desorden que no limpiaste, puede hacerse mucho daño. Además, mantén el desorden al mínimo en otras superficies (empieza con las estanterías de tu habitación, y luego aplícalo a otras zonas) para que la limpieza y el orden sean más fáciles.

Conocimientos básicos de primeros auxilios

Los conocimientos básicos de primeros auxilios son siempre útiles porque nunca se sabe cuándo una misma u otra persona puede resultar herida. A continuación, se exponen algunas de las habilidades más fundamentales:

Detener una hemorragia

Si tú u otra persona os hacéis daño y empezáis a sangrar, esto es lo que puedes hacer para detener la hemorragia:

1. Coge un paño o venda, enróllalo en la mano y presiónalo sobre la rozadura o el corte. Si no encuentras ningún material, utiliza sólo las manos para hacer presión.
2. Mantén el vendaje improvisado sobre la herida durante varios minutos. Comprueba al cabo de cinco minutos si la hemorragia se ha detenido.
3. Si la sangre traspasa la tela o la venda, pon otra capa encima.
4. Llama a los servicios de urgencias si la hemorragia no se detiene o la herida es demasiado profunda.

Cómo tratar pequeñas quemaduras

Si tú u otra persona os quemáis manipulando un aparato caliente, como una plancha, un utensilio caliente para el pelo o un horno, esto es lo que puedes hacer para enfriar una quemadura:

1. Acércate al grifo o fuente de agua corriente más cercana y coloca la zona quemada bajo la línea de agua. Mantén el agua fría.
2. Si los bordes de la piel de la zona quemada se están pelando, puedes retirarlos.
3. Pon una capa gruesa de gel de aloe vera o una loción o crema refrescante similar sobre la quemadura.
4. Moja una toalla o paño limpio y colócalo sobre la quemadura. Avisa a un adulto o llama a los servicios de emergencia si la zona quemada es muy grande y dolorosa.

Cómo tratar una hemorragia nasal

Las hemorragias nasales son relativamente fáciles de detener si sigues estos pasos:

1. Siéntate e inclínate ligeramente hacia delante.
2. Con el pulgar y el índice, pellizca ambos lados de la nariz a la altura de las fosas nasales. Aprieta los dedos con fuerza. Esto ayuda a detener el flujo de sangre y la hemorragia.
3. Comprueba si la hemorragia se ha detenido al cabo de varios minutos. Si la nariz sigue sangrando después de 15 minutos, llama a los servicios de urgencias.

RCP

Si alguien sufre un infarto o su corazón se detiene por cualquier motivo, la reanimación cardiopulmonar puede ayudar a que se reinicie.

A continuación, se explica cómo realizar la RCP:

1. Antes de iniciar la reanimación cardiopulmonar, comprueba si la persona tiene pulso y respira. Comprueba si tiene pulso presionando con dos dedos el lateral del cuello de la persona. Comprueba si el pecho sube y baja para ver si respira. También puedes colocar un trozo de cristal, un espejo o incluso tu teléfono bajo su nariz: si la superficie del cristal se empaña, la persona está respirando.
2. Si no encuentras el pulso y la persona no respira, es hora de empezar la reanimación cardiopulmonar.
3. Presiona el pecho 30 veces. Este movimiento se conoce como compresión torácica.
4. Pellízcale la nariz para impedir que salga el aire y sopla dos veces por la boca.

5. Repite los pasos 3 y 4 hasta que llegue la ayuda.

Cómo leer las etiquetas de los medicamentos

La mayoría de los medicamentos de venta libre tienen una etiqueta que indica para qué sirve el medicamento y cómo utilizarlo.

Estos son los distintos elementos de la etiqueta de un medicamento:

- **Principios activos:** Esta sección enumera los ingredientes que componen el medicamento.
- **Finalidad:** En esta sección se indica la función del componente activo.
- **Indicaciones:** Indica los síntomas que puede tratar el medicamento. Este apartado y el anterior combinados determinan si puedes tomar o dar el medicamento a alguien en función de los síntomas.
- **Advertencias:** En esta parte se enumeran otros medicamentos y afecciones que desaconsejan este medicamento.
- **Indicaciones:** Esta sección indica cómo tomar el medicamento, incluyendo la frecuencia, la duración y la cantidad que una persona puede tomar.
- **Otra información:** Esta parte indica cómo conservar el medicamento y tiene información adicional sobre los ingredientes.
- **Ingredientes inactivos:** Se trata de una lista de ingredientes inactivos en el organismo. Sin embargo, pueden provocar una reacción alérgica, por lo que no deben administrarse a una persona alérgica a ellos.

Cómo elegir tu primer trabajo

Elegir tu primer trabajo puede ser todo un reto. Aquí tienes algunos consejos que te ayudarán a hacer la mejor elección:

- **Fíjate objetivos:** Establece objetivos realistas sobre la cantidad de trabajo que puedes hacer mientras compaginas otras obligaciones. Algunos trabajos exigen un mínimo de horas semanales. Ten en cuenta también el tiempo de desplazamiento.

- **No te estanques en las opciones populares:** La mayoría de los adolescentes eligen como primer empleo la hostelería o el comercio minorista. Sin embargo, no son las únicas opciones. Podrías conseguir un trabajo en un campo relacionado con tus aficiones.
- **Utiliza tus habilidades transferibles:** Puede que te falte experiencia, pero tienes habilidades que puedes mostrar a posibles empleadores. Muchos están dispuestos a contratar a personas que buscan trabajo por primera vez basándose en su potencial y talento.
- **Pregunta por ahí:** Aunque muchas empresas anuncian sus ofertas de empleo, otras no lo hacen. Diles a tus amigos y familiares que estás buscando trabajo y pregúntales si conocen algún puesto vacante en alguna parte. ¿Tienes amigos de edad similar que hayan conseguido trabajo recientemente? Pregúntales cómo lo encontraron.

Prepara un CV (currículum vitae): Escribe e imprime un documento sencillo de una página con tus datos de contacto, edad y aptitudes. Si tienes en mente un campo o puesto específico, enumera tus habilidades.

- **Se diligente:** Busca trabajo a través de anuncios en Internet, tablones de anuncios locales, periódicos y redes sociales. Llama o visita a las empresas para las que quieres trabajar y deja tu CV.
- **Limpia tus redes sociales:** Muchos empresarios o directivos buscan en Internet a posibles empleados antes de contratarlos. Por tanto, borra todo lo que no quieras que vean o pueda hacerte parecer poco profesional.
- **Pide referencias:** Aunque no tengas antecedentes laborales, siempre puedes pedir a otras personas (profesores, amigos de la familia, entrenadores, etc.) que avalen tus aptitudes.

Habilidades de preparación laboral

Mejorar las siguientes habilidades de preparación para el trabajo es otra forma de asegurarte de que puedes encontrar un empleo:

- **Cumplir el horario:** Esfuérzate por terminar tus tareas a tiempo y mantén un horario fijo, aunque no tengas clase. Ayuda a establecer una rutina que transfiera las buenas habilidades de puntualidad al lugar de trabajo.

- **Mejora tu vocabulario:** Establece un nivel más alto para tus habilidades de escritura y expresión oral y abre muchas más puertas. Leer mucho, no utilizar palabras que no entiendes y ampliar tus habilidades orales hacen que impresionar a posibles empleadores sea más fácil.
- **Haz voluntariado:** Participar en servicios comunitarios y de voluntariado enriquece tu lista de experiencias. El voluntariado es una de las mejores formas de mostrar tus habilidades cuando no tienes un historial o experiencia laboral.

Principios básicos de navegación y orientación por mapa

Es importante saber cómo leer un mapa
https://unsplash.com/photos/world-map-poster-9-xfYKA16ZI?utm_content=creditShareLink&utm_medium=referral&utm_source=unsplash

Los elementos fundamentales de un mapa son:

- **Título:** Comprueba esto primero para ver si tienes el mapa correcto para la ubicación.
- **Escala:** Representa la relación de distancia entre el mapa y el suelo. Ayuda a determinar la distancia que debes recorrer.

- **Leyenda:** Muestra los símbolos del mapa y lo que representan.
- **Brújula:** Muestra la orientación de las direcciones Este, Oeste, Norte y Sur.
- **Latitud y longitud**: Sistema de líneas que representa una ubicación entre el Este y el Oeste (latitud) y el Norte y el Sur (longitud).

Empieza a explorar diferentes mapas en función de tus intereses con esta información. Por ejemplo, si te gusta el senderismo, busca un lugar concreto en el mapa y utiliza un mapa para llegar hasta allí (asegúrate de que te acompaña un adulto). O utiliza los mapas para explorar las líneas de transporte público y ser más hábil en la vida urbana.

Sección 10: El mundo digital

En esta última sección, aprenderás todo sobre las redes sociales e Internet para convertirte en una consumidora de redes sociales responsable e informada. Leerás sobre la alfabetización digital y su importancia y recibirás consejos para proteger la privacidad en línea y combatir el ciberacoso. Aprenderás a equilibrar el tiempo frente a la pantalla con otras actividades más productivas. Por último, se te aconsejará sobre cómo manejar la presión de grupo en las redes sociales.

Alfabetización digital: ¿qué significa y por qué es crucial?

El mundo digital ofrece muchas oportunidades para aprender y socializar. Sin embargo, puede ser peligroso si no se comprende cómo funciona la tecnología. La alfabetización digital te ayuda a superar los escollos de la tecnología digital y a consumir contenidos en línea de forma segura y responsable. Este mundo es mucho más que enviar mensajes a tus amigos en las redes sociales y subir *selfies*.

La alfabetización digital significa encontrar, crear y utilizar información en Internet que no te perjudique a ti ni a nadie. Significa que entiendes dónde están los límites y los peligros para ser precavida al navegar por el mundo online.

En un mundo plagado de tecnología digital, estas destrezas son esenciales no sólo para tu vida social y para divertirte, sino también para la escuela y el trabajo. Las competencias digitales son necesarias en muchas escuelas y lugares de trabajo.

La alfabetización digital incluye saber navegar por las redes sociales
https://www.pexels.com/photo/person-holding-iphone-showing-social-networks-folder-607812/

Los pasos básicos de la alfabetización digital incluyen saber navegar por las redes sociales y otros sitios web y comprobar y enviar correos electrónicos. En algún momento de la escuela y el trabajo tendrás que crear un documento, investigar en Internet y enviar un encargo o responder a una consulta por correo electrónico.

A continuación, debes aprender sobre seguridad en internet, ciberacoso, plagio y huellas digitales. Si utilizas las redes sociales, debes saber cómo funcionan, sus peligros y cómo evitarlos. Por ejemplo, debes asegurarte de no dejar huellas digitales que te expongan a personas o situaciones peligrosas. Un paso más allá es la creación de tus contenidos, ya sea un blog, una aplicación o un código.

Los principios fundamentales de la alfabetización digital son:

- **Ensamblaje:** Permite encontrar, guardar y organizar información online o acceder a ella más fácilmente (como guardar pines en Pinterest).
- **Comprensión:** Mientras buscas información, debes comprender lo que lees para evaluar si te será útil e identificar la información errónea. Investigar a fondo y buscar la misma información en varias fuentes es una buena forma de practicar esta habilidad.

- **Habilidades sociales:** Los factores sociales también influyen en el uso seguro y responsable de los medios digitales. Por ejemplo, cuando envíes mensajes, debes tener siempre en cuenta si son apropiados para tu tema y cómo los percibirá la persona que los recibe. Los mensajes o interpretaciones inadecuados pueden causar muchos malentendidos y herir sentimientos.
- **Estar conectada:** Hoy en día, todos los medios digitales están conectados de una forma u otra. No sólo puedes acceder a los mismos medios a través de distintas plataformas, sino que todo lo que introduzcas en línea llegará a los distintos canales.

Cómo proteger tu intimidad en Internet

Después de dominar los conceptos básicos de la alfabetización digital, aprender a proteger tu privacidad en línea es una buena idea. Esto significa filtrar la información que compartes y con quién la compartes. A continuación, te ofrecemos algunas de las mejores formas de protegerte mientras navegas por el mundo online.

Utiliza contraseñas seguras

Una contraseña segura es la defensa más poderosa en el mundo digital. Genera contraseñas que puedas recordar y utiliza diferentes en los distintos sitios y aplicaciones. Sin embargo, no utilices tu cumpleaños, nombre o dirección, ni los de ningún familiar. Son las más fáciles de averiguar. Nunca compartas tu contraseña con nadie en Internet.

Utiliza contraseñas seguras en todos los sitios y aplicaciones en los que compartas tu información o que tengan acceso a la información de tu teléfono u ordenador (la forma más fácil de comprobar cuáles son es entrando en los ajustes de tu teléfono y localizando la pestaña aplicaciones).

Cambia la configuración de privacidad de tus redes sociales

Cambiar la configuración de privacidad de las aplicaciones de redes sociales restringe quién puede acceder a la información que compartes. En la mayoría de los casos, ninguna aplicación o sitio web debería tener acceso a números de teléfono, direcciones u otra información personal. Comprueba si esta información está oculta consultando la configuración de privacidad de las redes sociales.

Piénsalo dos veces antes de enviar

Antes de enviar algo (ya sea información sobre ti, sobre otra persona o fotos o vídeos), piensa si es lo correcto. ¿Lo compartirías con un amigo o familiar? Si no es así, probablemente no deberías enviarlo. ¿Lo envías porque estás enfadada o disgustada? ¿Alguien te ha pedido que lo compartas diciéndote que se enfadará si no lo haces? Ninguna de estas dos situaciones es apropiada para compartir información sensible o personal. Una vez que lo haces, no puedes controlar lo que ocurre con ella. No puedes retirarla, así que lo mejor es evitarlo desde el principio.

Mira los perfiles

Recibir una nueva solicitud de amistad es emocionante. Sin embargo, comprueba siempre el perfil de la persona antes de aceptar su solicitud. Mira si tenéis amigos en común, dónde vive, cuántas fotos tiene, etc. Las personas peligrosas suelen hacerse pasar por adolescentes, y es difícil determinar si alguien dice la verdad. No aceptes solicitudes de amistad de personas con las que no tengas amigos en común, que vivan lejos o que sólo tengan una foto de perfil y nada más publicado en su perfil.

Cuidado con las invitaciones y las ofertas

Si recibes una invitación a un grupo en las redes sociales, comprueba si tienes amigos en ese grupo. Si no es así, pregunta si alguien sabe algo del grupo y su opinión. Ten cuidado al aceptar invitaciones de grupos o eventos. No acudas sola a eventos a los que te hayan invitado. Del mismo modo, ten cuidado con las ofertas de trabajo, prácticas o estudios en Internet. Es probable que se trate de una estafa si no te has presentado previamente a ellos o no has preguntado por ellos. Aunque te hayas presentado, no vayas sola a una entrevista. Pide a un adulto que te acompañe.

Aprende conceptos básicos de ciberseguridad

La ciberseguridad implica el uso de herramientas específicas para proteger tu privacidad en Internet. Aprende a utilizar una VPN (Red Privada Virtual) para proteger tu ubicación y programas de gestión de contraseñas para mantener a salvo tu información con contraseñas inviolables.

Ciberacoso y cómo combatirlo

El ciberacoso consiste en intimidar a alguien a través de canales en línea, como plataformas de audio y vídeo, aplicaciones de mensajería digital, correo electrónico o redes sociales. Por ejemplo, si alguien publica regularmente comentarios o fotos para avergonzarte, te está acosando cibernéticamente.

Otros tipos de ciberacoso son:

- **Robar y compartir información sin consentimiento:** Los ciberacosadores suelen publicar imágenes y vídeos (a veces humillantes o sexuales) de sus víctimas, compartiéndolos con otras personas. Hacen fotos o vídeos degradantes de las víctimas sin su consentimiento y los comparten en las redes sociales y otros sitios web.

- **Acoso directo a las víctimas:** Los acosadores envían mensajes, comentarios o correos electrónicos groseros, insultantes e hirientes a las víctimas. También pueden incitar a otros a participar en el ciberacoso a través de grupos de chat o publicar contenidos ofensivos en los canales de las redes sociales de la víctima.

- **Falsificación y suplantación de la información de la víctima:** Los acosadores crean versiones falsas de las cuentas de la víctima y publican contenidos ofensivos. O bien, piratean la cuenta de la víctima y roban o cambian su información. El *catfishing*, en el que se atrae a la víctima a una relación con una persona utilizando una cuenta falsa, también es ciberacoso.

El ciberacoso suele tener un impacto negativo a largo plazo en la vida de la víctima. Afecta a su vida social y a su rendimiento escolar, haciendo más difícil desenvolverse en la vida de adulto. Las personas que han sufrido ciberacoso de niños o adolescentes suelen padecer ansiedad y depresión de adultos. El ciberacoso dificulta la confianza en las personas y el establecimiento de relaciones duraderas.

¿Cómo combatir el ciberacoso?

A continuación, te indicamos los pasos que puedes dar para frenar el ciberacoso.

Di lo que piensas

Desgraciadamente, no todos los adolescentes creen que el ciberacoso sea un problema grave o les da vergüenza admitir que han sido víctimas de él. Otros creen que los adultos no lo verán como un problema. Muchos adolescentes no hablan del ciberacoso, ni siquiera con sus padres o tutores. Sin embargo, si alguien te acosa en Internet, tus padres deben ser los primeros en saberlo. Ellos pueden ayudarte a detener el abuso. El acosador puede amenazarte con no contárselo a nadie o empeorar las cosas si se entera de que lo has hecho. Lo hace para tener más poder sobre ti. Si se lo cuentas a tus padres, profesores y otros adultos, le quitas poder.

No te involucres

Una de las formas más sencillas de combatir el ciberacoso es evitar comprometerse con el agresor. Esto no significa que debas ignorarlo por completo, lo cual es casi imposible, sobre todo en el mundo digital actual. En lugar de responder a comentarios o mensajes de odio, informa a los adultos. Recuerda que el objetivo de tu acosador es hacerte reaccionar. Al negarte a reconocer sus afirmaciones, estás mermando su poder. Bloquéalos en las redes sociales y en otras cuentas. En la mayoría de las redes sociales, si los bloqueas, no podrán ponerse en contacto contigo, etiquetarte ni ver lo que tus amigos comunes publican sobre ti.

Se diligente con las publicaciones en línea

Los ciberacosadores suelen crear páginas falsas utilizando la información de la víctima y haciéndose pasar por ella mientras continúan con su comportamiento abusivo. Vigila lo que publicas en Internet y quién puede acceder a tus mensajes para evitar que tu información caiga en malas manos. Incluso si alguien ya te está acosando cibernéticamente, no le des aún más poder sobre ti. Una contraseña segura y configurar tus perfiles de redes sociales como privados ayudan a evitar que los ciberacosadores pirateen tu perfil y publiquen información ofensiva e hiriente.

Grábalo todo

Guarda todas las comunicaciones con el ciberacosador y sus publicaciones sobre ti, y haz capturas de pantalla o fotos siempre que sea necesario. Si el ciberacoso continúa, la información que has guardado te ayudará a demostrarlo. Enséñasela a tus padres y a otros adultos, incluidas las autoridades escolares (si el acosador es de tu colegio).

No te des la vuelta

Algunas víctimas de ciberacoso piensan que la única salida es unirse a los acosadores o convertirse en un acosador mayor. Sin embargo, al tomar represalias, lo único que consigues es agravar la situación. Evítalo y sigue respetando la intimidad y los sentimientos de los demás, aunque te falten al respeto a ti.

Equilibrar el tiempo frente a la pantalla y otras actividades

El tiempo frente a la pantalla puede ser una parte valiosa de tu vida cuando se equilibra con otras actividades que contribuyen a tu salud y bienestar. Aquí tienes algunos consejos para establecer límites saludables en el uso de tus aparatos.

Ponte normas

Establece la norma de utilizar tus aparatos sólo en determinadas zonas de la casa y a determinadas horas. Por ejemplo, no los utilices en el comedor a la hora de comer, ni en tu dormitorio cuando estés estudiando (excepto para hacer trabajos escolares), ni por la noche. O bien, mira la televisión o consulta las redes sociales sólo cuando hayas terminado tus tareas y deberes.

Otra regla es utilizar sólo un dispositivo a la vez. Si estás revisando el móvil mientras ves la tele, elige con qué actividad quieres continuar. Hacer las dos cosas confunde a tu cerebro y no te concentrarás en ninguna.

Opta por sesiones cortas de tiempo frente a la pantalla

No pases horas interminables con tus aparatos. Tómate descansos y opta por sesiones de pantalla cortas. Dale a tu cerebro y a tus ojos la oportunidad de descansar de todo el contenido digital al que están expuestos.

Programa un temporizador si tienes problemas para controlar el tiempo que pasas conectada de una sola vez. Cuando el temporizador te avise de que has llegado al final de la sesión, te recordará que debes hacer una pausa y moverte. Alternativamente, utiliza pausas naturales, como cuando estás esperando un mensaje, alcanzas un nivel en un juego o el final del artículo que has estado leyendo para crear sesiones más cortas.

Prioriza la actividad física

Después de una hora de pantalla, levántate y muévete. Realiza una actividad física durante varios minutos. Da un paseo o juega con una mascota. O, mejor aún, haz deporte con tus amigos. Una hora de actividad física mantendrá tu cuerpo y tu mente sanos.

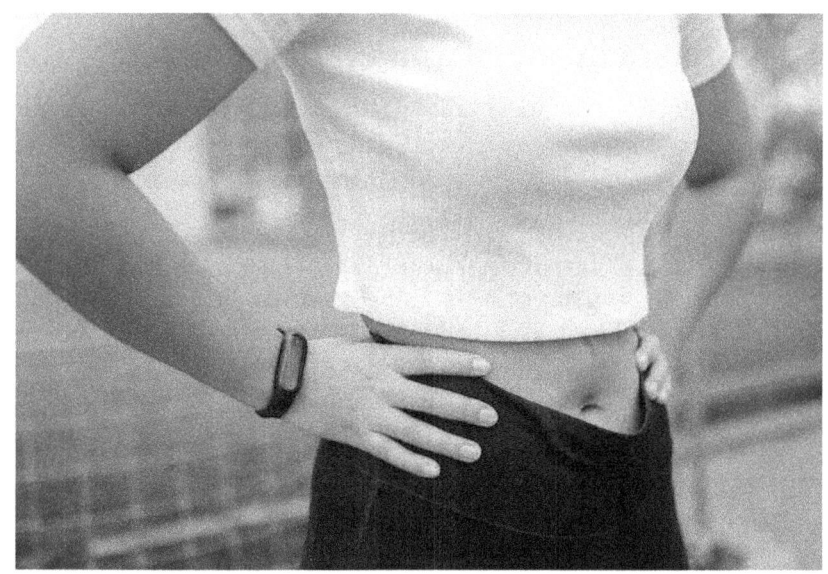

Un rastreador de fitness te permitirá saber cuánto te mueves a lo largo del día
https://www.pexels.com/photo/woman-in-white-shirt-wearing-a-fitness-tracker-7746517/

Un dispositivo de actividad portátil puede ser una forma estupenda de saber cuánto te mueves a lo largo del día. Te motivará a ser más activa en lugar de estar constantemente sumergida en el mundo online.

Busca otras actividades extraescolares

Si sólo sabes pasar tu tiempo libre utilizando las redes sociales, es hora de buscar nuevas actividades extraescolares. Esta actividad puede ser cualquier cosa que te guste hacer fuera de las tareas del hogar y la escuela. Tú decides si te apuntas a una nueva afición, a un club o a un equipo deportivo. Las nuevas actividades te permiten desarrollar nuevas habilidades y hacer nuevos amigos. Tendrás más cosas que hacer y más posibilidades de equilibrar el tiempo frente a la pantalla.

Socializa y haz amigos

Las redes sociales son una forma estupenda de crear y mantener amistades, pero no deberían ser la única. De vez en cuando, reúnete con tus amigos y socializa en persona. Verlos cara a cara te ayuda a conocerlos mejor, a aprender a leer las señales sociales y a forjar amistades duraderas. Empieza por invitar a tus amigos a casa u organiza una salida al cine con ellos. No utilices siempre el teléfono cuando pases tiempo con tus amigos.

Presión social negativa en las redes sociales

La presión negativa de los compañeros en la escuela y los círculos sociales ya es bastante perjudicial para las adolescentes. Las redes sociales crean una presión de grupo aún más dañina, que afecta a tu comportamiento en línea y a sus consecuencias.

La presión de grupo afecta con más fuerza por el miedo a perderse algo. Al fin y al cabo, si ves a tus amigos participando en actividades y retos en las redes sociales, no querrás perdértelos. Como resultado, es posible que adoptes un comportamiento con el que no estás de acuerdo o que hagas algo con lo que no te sientes del todo cómoda. Quieres ser guay como los demás, así que sucumbes a la presión de grupo.

Otra razón por la que la presión de grupo puede apoderarse de ti es que sólo ves el comportamiento de la gente en las redes sociales y no en la vida real. Comparas tu vida con la de ellos, y a menudo te das cuenta de lo aburrida que parece la tuya comparada con la excitante de ellos. Esta comparación daña tu autoestima. Es posible que emules lo que hacen esas personas "de éxito", aunque eso signifique adoptar comportamientos arriesgados para que tu vida sea más emocionante.

La presión de grupo puede adoptar muchas formas. Sin embargo, las consecuencias más perjudiciales provienen de los llamados "retos" y del *sexting*. Los niños y adolescentes adoptan comportamientos poco saludables cuando realizan un reto, lo que puede poner en peligro sus vidas. Si te invitan a un reto (o piensas hacerlo), piensa si lo harías en otras circunstancias. ¿Tragarías sustancias químicas peligrosas o te harías daño de algún modo sólo para impresionar a alguien en la vida real? Probablemente no. Por tanto, tampoco deberías hacerlo para impresionar a nadie en Internet.

El *sexting* consiste en compartir con otras personas mensajes, fotos y vídeos de contenido sexual o inapropiado. Muchos adolescentes lo hacen porque sus compañeros les presionan o porque temen perder la atención de una persona. Sin embargo, el *sexting* conduce a otros comportamientos de riesgo, como las actividades sexuales y el consumo excesivo de alcohol y drogas. El *sexting* también tiene otras repercusiones. El contenido que has compartido puede llegar a manos de ciberacosadores y otras personas peligrosas. Ten en cuenta estas consecuencias antes de compartir contenidos sexuales con nadie.

Otras formas de resistir la presión de grupo

Estas son algunas sugerencias para resistir la presión de grupo:

- **Sé más asertiva:** No temas decir que no o expresar tu opinión sobre algo con lo que no estás de acuerdo. Pero hazlo con respeto.
- **Trabaja tu autoestima:** Haz una lista de tus puntos fuertes y habilidades. Participa en actividades en las que utilices estas habilidades. Ver todo aquello en lo que eres buena te hará menos propensa a compararte con los demás.
- **Establece límites personales:** Conoce tus límites y házselos saber a los demás. Te ayudará a ceñirte a tus valores y a evitar situaciones incómodas.
- **Céntrate en un círculo social que te apoye:** Rodéate de personas que apoyen tus ideas y te acepten por lo que eres.
- **Piensa con independencia:** Aprende a analizar las tendencias sociales de forma crítica. No las adoptes sin cuestionarlas sólo porque veas que tus amigos o las personas influyentes de las redes sociales lo hacen.

Mensaje de agradecimiento

¡Enhorabuena, lo has conseguido!

Gracias por tomarte el tiempo de leer este libro y poner en práctica los consejos y técnicas mencionados. Hace falta valor para cambiar de vida, y tú has dado el primer paso.

Ser adolescente no siempre es fácil. A veces, te sientes desgarrada entre el deseo de encajar y la necesidad de vivir la vida que quieres. Te olvidas de tu felicidad y comodidad y te centras en hacer lo que la sociedad espera de ti.

Cada persona tiene un viaje único y un camino que debe seguir. Las personas son diferentes y no hay dos viajes iguales. Debes estar orgullosa y agradecida del tuyo. No intentes copiarte ni compararte con los demás. Celebra tu personalidad única y cree que marcas la diferencia en el mundo. No cambies nunca y siéntete orgullosa de la persona en la que te estás convirtiendo.

Si miras tu vida, te darás cuenta de que has logrado mucho. Leer este libro es la mayor señal de que quieres mejorar tu vida. Sin embargo, tu viaje no ha hecho más que empezar y aún queda mucho por hacer. Cuando apliques las habilidades y consejos de este libro, seguirás forjando tu camino.

Aprenderás cosas nuevas constantemente, y tu viaje será cada vez más emocionante. Vuelve siempre a este libro cuando te enfrentes a un problema o busques una respuesta.

Buena suerte con lo que viene. Va a ser estupendo.

Referencias

(c) Copyright skillsyouneed.com 2011-. (s.f.). Desarrollo personal. Skillsyouneed.com. https://www.skillsyouneed.com/ps/personal-development.html

(c) Copyright skillsyouneed.com 2011-. (s.f. a). Asertividad - una introducción. Skillsyouneed.com. https://www.skillsyouneed.com/ps/assertiveness.html

(c) Copyright skillsyouneed.com 2011-. (s.f.-b). ¿Qué son las habilidades sociales? Skillsyouneed.com. https://www.skillsyouneed.com/ips/social-skills.html

(sin fecha). Org.uk. https://www.mind.org.uk/information-support/types-of-mental-health-problems/self-esteem/about-self-esteem/

(s.f.-a). Apa.org. https://www.apa.org/topics/stress/anxiety-difference#:~:text=People%20under%20stress%20experience%20mental,the%20absence%20of%20a%20stressor

(s.f.-a). Indeed.com. https://www.indeed.com/career-advice/career-development/social-skills#:~:text=Social%20skills%20are%20important%20because,position%2C%20industry%20or%20experience%20level

(s.f.-a). Udemy.com. https://www.udemy.com/course/personal-growth-for-teens-curriculum-package-for-teachers/

(s.f.-b). Apa.org. https://www.apa.org/topics/resilience/bounce-teens

(s.f.-b). Indeed.com. https://in.indeed.com/career-advice/career-development/social-skills

(s.f.-b). Yogabasics.com. https://www.yogabasics.com/connect/yoga-blog/mind-body-connection/

(s.f.-c). Bhpioneer.com. https://www.bhpioneer.com/lifestyles/entertainment/5-actors-who-almost-quit-hollywood-before-their-big-break/video_27c26a32-e3fc-58d2-a5c7-ebce47d5824d.html

(s.f.-c). Goodtherapy.org. https://www.goodtherapy.org/blog/psychpedia/i-message

(s.f.-d). Greatexpectations.org. https://www.greatexpectations.org/wp-content/uploads/pdf/practice12/TheBenefitsofIStatements.pdf

(s.f.-e). Choosingtherapy.com. https://www.choosingtherapy.com/ambivert/#:~:text=An%20ambivert%20refers%20to%20someone,and%20when%20they're%20alone

(s.f.-f). Apa.org. https://www.apa.org/topics/shyness#:~:text=Shyness%20is%20the%20tendency%20to,encounters%2C%20especially%20with%20unfamiliar%20people

'Frenemies' y amistades tóxicas: preadolescentes y adolescentes. (2021, 13 de septiembre). Raising Children Network. https://raisingchildren.net.au/pre-teens/behaviour/peers-friends-trends/frenemies

10 consejos de seguridad para proteger a sus hijos y adolescentes. (sin fecha). Caliber3range.Com. https://www.caliber3range.com/teen-and-child-safety

10 formas sencillas de afrontar el estrés. (sin fecha). Sutterhealth.org. https://www.sutterhealth.org/health/mind-body/10-simple-ways-to-cope-with-stress

10 consejos para que los adolescentes estén seguros en Internet. (sin fecha). Unicef.org. https://www.unicef.org/armenia/en/stories/10-tips-teens-can-stay-safe-online

10 maneras de practicar la autoconversación positiva. (2021, 23 de abril). Del. Psych. Services. https://www.delawarepsychologicalservices.com/post/10-ways-to-practice-positive-self-talk

10 maneras de practicar la autoaceptación. (sin fecha). Kids Help Phone. https://kidshelpphone.ca/get-info/10-ways-practice-self-acceptance/

5 datos sobre la fijación de objetivos. (sin fecha). Kidshealth.org. https://kidshealth.org/en/teens/goals-tips.html

5 técnicas de primeros auxilios que puede enseñar a su hijo en casa. (2021, 22 de enero). Curso de Primeros Auxilios Sydney. https://thefirstaidcoursesydney.com.au/blog/5-first-aid-skills-you-can-teach-your-child-at-home/

5 ideas para dormir mejor. (sin fecha). Kidshealth.Org https://kidshealth.org/en/teens/tips-sleep.html

5 consejos para enseñar a los niños a comparar precios - bankaroo: banco virtual para niños. (s.f.). Bankaroo.Com. https://www.bankaroo.com/5-tips-for-teaching-young-kids-to-comparison-shop/

5 maneras de conocer mejor tus sentimientos. (sin fecha). Kidshealth.org. https://kidshealth.org/en/teens/emotional-awareness.html

5 maneras de enseñar a tus hijos adolescentes límites saludables. (2023, 11 de mayo). Youth Villages. https://youthvillages.org/5-ways-to-teach-your-teens-healthy-boundaries/

7 maneras de ayudar a tu hijo adolescente a fortalecer sus amistades. (sin fecha). Reachout.com. https://parents.au.reachout.com/common-concerns/everyday-issues/things-to-try-peer-pressure/help-your-teenager-make-great-friends

8 maneras de ayudar a tu hijo adolescente a dejar de procrastinar. (sin fecha). Psychology Today. https://www.psychologytoday.com/intl/blog/promoting-empathy-your-teen/202210/8-ways-help-your-teen-stop-procrastinating

Todo sobre los periodos. (sin fecha). Kidshealth.Org. https://kidshealth.org/en/teens/menstruation.html

Ambassador, Y. (2022, 1 de septiembre). 5 maneras de mejorar tu preparación para el trabajo. Youth Employment UK. https://www.youthemployment.org.uk/5-ways-to-improve-your-work-readiness/

Arlin Cuncic, M. A. (2010, 10 de mayo). 7 técnicas de escucha activa para practicar en tus conversaciones diarias. Verywell Mind. https://www.verywellmind.com/what-is-active-listening-3024343

Asertividad. (sin fecha). Kidshealth.org. https://kidshealth.org/en/teens/assertive.html

Barnett, H. (2018, 13 de julio). 24 técnicas esenciales de cocina y repostería que tu hija debe conocer. SheKnows. https://www.sheknows.com/food-and-recipes/articles/1140231/cooking-skills-for-teens/

Barrell, A. (2020, 24 de abril). Estrés vs. ansiedad: Diferencias, síntomas y alivio. Medicalnewstoday.com. https://www.medicalnewstoday.com/articles/stress-vs-anxiety

Battles, M. (2016, 19 de diciembre). 15 maneras de practicar la autoconversación positiva para el éxito. Lifehack. https://www.lifehack.org/504756/self-talk-determines-your-success-15-tips

Ser asertivo: Reducir el estrés, comunicarse mejor. (2022, 13 de mayo). Mayo Clinic. https://www.mayoclinic.org/healthy-lifestyle/stress-management/in-depth/assertive/art-20044644

Bernhagen, K. T. (2012, 2 de febrero). Simplemente da las gracias: Por qué aceptar cumplidos es bueno para tu carrera. The Muse. https://www.themuse.com/advice/just-say-thanks-why-accepting-compliments-is-good-for-your-career

Betz, M. (s.f.). ¿Qué es la autoconciencia y por qué es importante? Betterup.com. https://www.betterup.com/blog/what-is-self-awareness

Breit, C. (2018, 27 de agosto). Los sorprendentes beneficios de ser introvertido. Time. https://time.com/5373403/surprising-benefits-introvert/

Brickel, R. E. (2020, 28 de marzo). La importancia de aceptar cumplidos. PsychAlive. https://www.psychalive.org/the-importance-of-accepting-compliments/

Fundación Británica del Corazón. (2023, 6 de diciembre). Escucha activa. Fundación Británica del Corazón. https://www.bhf.org.uk/informationsupport/heart-matters-magazine/wellbeing/how-to-talk-about-health-problems/active-listening

Bromberg, M. (s.f.). Inversión para adolescentes: Lo que deben saber. Investopedia. https://www.investopedia.com/investing-for-teens-7111843

¿Puede un adolescente tener una cuenta bancaria? (s.f.). Chase.Com. https://www.chase.com/personal/banking/education/basics/can-a-teenager-open-a-bank-account

Carter, C. (2021, 17 de noviembre). Querido adolescente, esto es lo que quiero que sepas sobre la amistad. Parentingteensandtweens.com. https://parentingteensandtweens.com/dear-teen-this-is-what-i-want-you-to-know-about-friendship/

Cassata, C. (2016, 17 de mayo). Cómo aceptarse a uno mismo en 8 pasos. Psych Central. https://psychcentral.com/lib/ways-to-accept-yourself

CogniFit. (2017, 17 de agosto). Presión de grupo: ¿Por qué la sentimos, cómo superarla y puede ser positiva? Blog de CogniFit: Noticias sobre salud cerebral; CogniFit. https://blog.cognifit.com/peer-pressure/

Cooks-Campbell, A. (s.f.). Ejemplos de habilidades sociales: Cómo socializar puede llevarte a la cima. Betterup.com. https://www.betterup.com/blog/social-skills-examples

Copeland, M. E. (2016, 17 de mayo). Desarrollando una caja de herramientas de bienestar. Psych Central. https://psychcentral.com/lib/developing-a-wellness-toolbox

Equipo creativo. (2021, 18 de agosto). Cómo enseñar a leer mapas a los niños: desde los más pequeños hasta los adolescentes. RUN WILD MY CHILD. https://runwildmychild.com/map-reading-skills/

Pensamiento crítico y toma de decisiones: ¿Qué es el pensamiento crítico? (s.f.). Gcfglobal.org. https://edu.gcfglobal.org/en/problem-solving-and-decision-making/what-is-critical-thinking/1/

Cross, C. (2023, 12 de septiembre). Enseñe a su hijo adolescente a usar su primera cuenta corriente. VSECU. https://www.vsecu.com/blog/teach-your-teen-how-to-use-their-first-checking-account/

Desarrollando una caja de herramientas de bienestar para tu salud mental. (sin fecha). Hpu.edu. https://online.hpu.edu/blog/wellness-toolbox

Juegos de construcción Discovery. (2020, 20 de junio). ¿Qué son las habilidades sociales y por qué son importantes? Blog de Discovery Building Sets. https://discoverybuildingsets.com/what-are-social-skills/

Explicación de los fondos de emergencia para adolescentes. (2022, 4 de julio). Mydoh. https://www.mydoh.ca/learn/money-101/building-credit/emergency-funds-explained-for-teens/

Inteligencia emocional. (s.f.). Psychology Today. https://www.psychologytoday.com/us/basics/emotional-intelligence

Eng, J. (2022, 21 de enero). Cómo hablar con los niños sobre las amistades tóxicas. ParentsTogether. https://parents-together.org/how-to-talk-to-kids-about-toxic-friendships/

Erin Johnston, L. (2007, 6 de abril). Cómo el uso de afirmaciones del tipo «yo siento» puede ayudarte a comunicarte. Verywell Mind. https://www.verywellmind.com/what-are-feeling-statements-425163

Evolución de la comunicación de la antigüedad a la modernidad. (s.f.). El tiempo. https://www.kalamtime.com/blog/evolution-of-communication/

Expresar pensamientos y sentimientos con eficacia. (sin fecha). Exforsys.com. https://www.exforsys.com/career-center/people-skills/expressing-thoughts-feelings-effectively.html

Freund, M. (2022, 26 de agosto). 33 habilidades de afrontamiento esenciales para la ansiedad en 2023. Ness. https://nesswell.com/coping-skills-for-anxiety/

Amigos y amistades: preadolescentes y adolescentes. (2021, 13 de septiembre). Raising Children Network. https://raisingchildren.net.au/pre-teens/behaviour/peers-friends-trends/teen-friendships

Galperin, S. (2020, 6 de marzo). Ansiedad social en adolescentes: Cómo superar la ansiedad social. CBT Psychology. https://cbtpsychology.com/socialanxiety/

Gillette, H. (2022, 4 de abril). ¿Se puede ser más empático? Por supuesto, y aquí se explica cómo. Psych Central. https://psychcentral.com/health/how-to-be-more-empathetic

Gordon, S. (2021, 11 de abril). Todo lo que tu hijo adolescente necesita saber sobre cómo poner límites. Verywell Family. https://www.verywellfamily.com/boundaries-what-every-teen-needs-to-know-5119428

Gotter, A. (2018, 20 de abril). Respiración 4-7-8: cómo funciona, cómo hacerlo y más. Healthline. https://www.healthline.com/health/4-7-8-breathing

Hartney, E., & MSc, M. A. (2009, 29 de agosto). ¿Qué es la presión de grupo? Verywell Mind. https://www.verywellmind.com/what-is-peer-pressure-22246

Hartstein, J. (2016, 7 de marzo). 5 razones para salir de tu zona de confort. Hartstein Psychological Services. https://www.hartsteinpsychological.com/5-reasons-to-leave-your-comfort-zone-suhadee-sue-henriquez-lcsw-act

Hauck, C. (2018, 11 de octubre). Una meditación de 10 minutos para trabajar con emociones difíciles. Mindful; Mindful.org. https://www.mindful.org/a-10-minute-meditation-to-work-with-difficult-emotions/

HDFS 211: Emociones comunes de la adolescencia. (s.f.). Res.In. http://ecoursesonline.iasri.res.in/mod/page/view.php?id=24402

Healthdirect Australia. (2022). Self-talk. https://www.healthdirect.gov.au/self-talk

Estas son las razones por las que las niñas necesitan un espacio seguro. (sin fecha). Unicef.org. https://www.unicef.org/turkiye/en/stories/here-are-reasons-why-girls-need-safe-space

Holbrook, S. (2019, 24 de julio). Consejos de seguridad para los adolescentes que pasan la noche solos en casa. Your Teen Magazine. https://yourteenmag.com/family-life/communication/safety-tips-for-teens

Holmes, L. (2003, 10 de septiembre). Diferencias entre tristeza y depresión clínica. Verywell Mind. https://www.verywellmind.com/sadness-is-not-depression-2330492

Cómo hacer frente a la presión social. (sin fecha). Kidcentraltn.Com. https://www.kidcentraltn.com/health/mental-emotional-health/how-to-cope-with-social-media-peer-pressure.html

Cómo manejar la presión de grupo. (s.f.-a). Escuelas Públicas del Condado de Fairfax. https://www.fcps.edu/student-wellness-tips/peer-pressure

Cómo manejar la presión de grupo. (s.f.-b). Kidshealth.org. https://kidshealth.org/en/kids/peer-pressure.html

Cómo ayudar a los adolescentes a tomar buenas decisiones. (2020, 2 de septiembre). Spark Their Future. https://www.sparktheirfuture.qld.edu.au/how-to-help-your-teen-make-good-decisions-about-school-and-life/

Cómo ayudar a tu hijo adolescente a gestionar las amistades tóxicas. (2023, 23 de junio). Psicología River Oaks. https://riveroakspsychology.com/how-to-help-your-teen-manage-toxic-friendships/

Cómo vivir una vida feliz. (sin fecha). Kidshealth.org. https://kidshealth.org/en/teens/happy-life.html

Cómo leer la etiqueta «Información sobre el fármaco». (sin fecha). Nationwidechildrens.Org. https://www.nationwidechildrens.org/family-resources-education/health-wellness-and-safety-resources/helping-hands/how-to-read-a-drug-facts-label

Mejorar la inteligencia emocional (IE) - Helpguide.org. (s.f.). https://www.helpguide.org/articles/mental-health/emotional-intelligence-eq.htm

Jane. (2019, 27 de mayo). Aprendiendo a etiquetar mis emociones. Jane Taylor | Coaching de transición y bienestar | Coaching de vida | Gold Coast. https://www.habitsforwellbeing.com/learning-to-label-my-emotions/

Janice Zerbe, Extensión de la Universidad Estatal de Michigan. (s.f.). Cinco consejos que ayudan a los adolescentes a tener éxito con el dinero. 4-H. https://www.canr.msu.edu/news/five_tips_that_help_teens_be_successful_with_money

Janice Zerbe, Extensión de la Universidad Estatal de Michigan. (s.f.). MSU Extension. Extensión MSU. https://www.canr.msu.edu/news/beginning_financial_planning_terminology

Jennifer. (2019, 12 de noviembre). Consecuencias de las elecciones: ¿Cómo encontrar las mejores para tu vida? Contentment Questing. https://contentmentquesting.com/consequences-of-choices/

Kapadia, H. (2022, 9 de febrero). Cómo establecer la rutina de cuidado del cabello adecuada para adolescentes. MyCocoSoul. https://mycocosoul.com/blogs/hair-care-regimen/teenage-hair-care-routine

Kaspersky. (2023, 8 de septiembre). Ciberacoso: ¿Qué es? https://www.kaspersky.com/resource-center/preemptive-safety/top-10-ways-to-stop-cyberbullying

Kendra Cherry, M. (2013, 2 de agosto). Emociones y tipos de respuestas emocionales. Verywell Mind. https://www.verywellmind.com/what-are-emotions-2795178

Kendra Cherry, M. (2014, 17 de abril). 5 señales de que podrías ser extrovertido. Verywell Mind. https://www.verywellmind.com/signs-you-are-an-extrovert-2795426

Kendra Cherry, M. (2015, 5 de enero). Por qué es importante la empatía. Verywell Mind. https://www.verywellmind.com/what-is-empathy-2795562

Khona, M. (2020, 19 de octubre). 16 Consejos efectivos para el cuidado de la piel de los adolescentes. SkinKraft. https://skinkraft.com/blogs/articles/skin-care-tips-for-teenagers

Equipo de salud infantil. (2017, 30 de junio). Adolescentes independientes: 9 consejos de seguridad para salir solos. Shine365. https://shine365.marshfieldclinic.org/kids-health/independent-teens-safety-tips/

Klynn, B. (s.f.). Regulación emocional: Habilidades, ejercicios y estrategias. Betterup.com. https://www.betterup.com/blog/emotional-regulation-skills

Kubala, J., MS, & RD. (2022, 20 de junio). Alimentación saludable para adolescentes: Lo que hay que saber. Healthline. https://www.healthline.com/nutrition/healthy-eating-for-teens

Lebow, H. I. (2020, 19 de junio). Estrategias de manejo de las emociones: 6 métodos para probar. Psych Central. https://psychcentral.com/health/ways-to-manage-your-emotions

www.ingramcontent.com/pod-product-compliance
Lightning Source LLC
Chambersburg PA
CBHW070606050426
42450CB00011B/3001